収納が、ない！

はじめに

たいていの家では収納が足りません。
あなたの、そして私の家も。

そもそも狭い家で居住空間を広く取ろうとすれば、
収納を犠牲にするしかないからです。
ラッキーにもたくさんあったとしても、
使いやすいとは限りません。
サイズが中途半端だったり、ヘンな位置にあったり。
そうなると、ないも同然です。

では増やす？
大きな家具をドデンと置くと、
狭い部屋がますます狭くなって窮屈です。

では詰める？
ぎゅうぎゅう詰めは出し入れしづらくて片づかず、
いずれ溢《あふ》れ出るときが訪れるでしょう。

注文住宅やリノベーションでもしない限り、
満足する収納は見つかりそうにありません。
賃貸や古い家、都会の小さなマンション暮らしでは、
どうすればいいのでしょう。
理想の収納は、探せばどこかにあるのでしょうか？

そんな疑問を抱えながら、この本では8人の方にお話を伺いました。

ある人は、「使えない収納」を減らして
「使える収納」を増やしていました。
またある人は、量にこだわらず、
位置にこだわることで、片づく家をつくっていました。

スペースはなかなか変えられません。
でも、どう考えるかはあなた次第。

そろそろ、「収納がないせいで片づかない」から一歩踏み出しませんか。

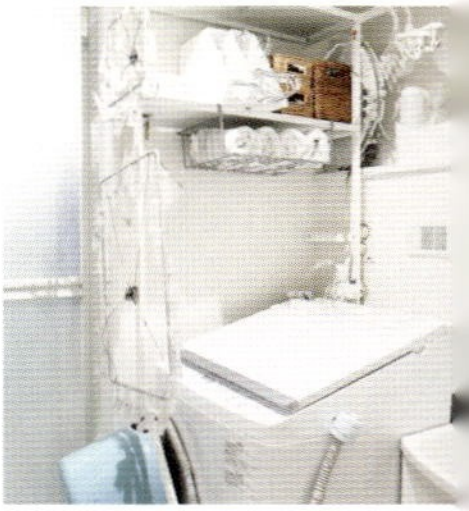

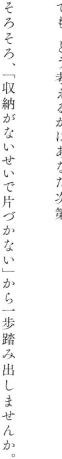

もくじ

☑ 欲しい場所にない

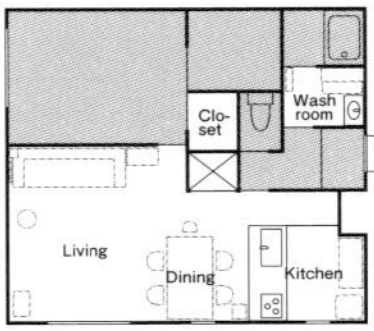

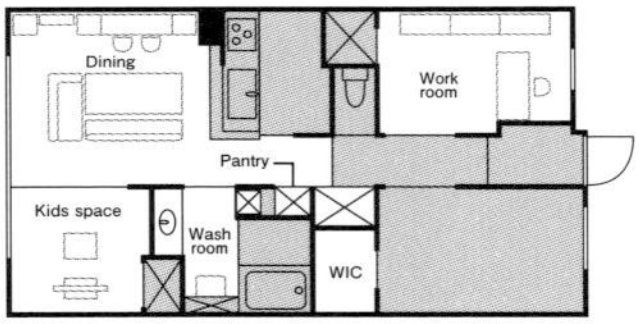

☑ 古くて使えない

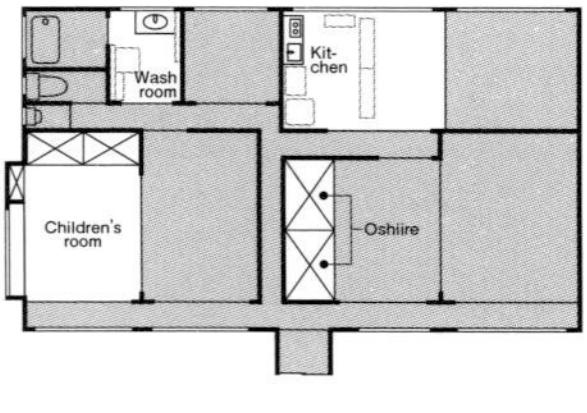

※掲載箇所を間取り図上の白で表しています。

「使えない収納」を減らして、「使える収納」を増やします。

本多さおりさん

Profile

「もっと暮らしをラクに」がモットーの整理収納コンサルタント。「家にいると収納や家事の改善に勤しんでしまうから」と、近所のカフェが仕事場に。近著に『暮らしは今日も実験です』（大和書房）。家族は夫、長男（３歳）、次男（１歳）の４人。

キッチンの背面には収納がないので、壁ぴったりにシェルフを置きました。背の高いシェルフなら、レンジやトースターを使いやすい位置に置け、引き出しを使えばカトラリーなどの小物もすっきりと収納できます。

夫と3歳、1歳のお子さんと暮らす本多さん。第一子が生まれ、家族がひとり増えたあとに引っ越した先は、1LDKの小さな家でした。収納や家事の効率性を重視し、人やものの動線をなるべく短くしたい、と広い家は避けているのです。とはいえ、収納スペースは限られ、さらには2人目が生まれ、と収納は窮屈になるはず。いったいどうしているのでしょう？

「わが家は、ものの出入りが激しいんです。使うものだけを手元に残し、ものへのアクセスをよくして、死蔵品をつくらないようにしています。そのため、『たくさんしまう』ことより『使いやすさ』を優先」。

たとえば、キッチン背面のシェルフは、たくさん置くことを考えれば、棚は断然幅広がいいのですが、そうすると下段のものが隠れ、出し入れしづらくなります。それを避けるために、上段は幅が半分の棚を採用。奥行きが深いダイニングの収納も、前のスペースを空け、そのぶん、アクセスのじゃまにならない壁面を活用し、収納量を上げています。

また、使いづらい位置にある造りつけ収納には頼らず、使いやすい場所に棚やかごで収納を新設。その代表例がリビングの収納です。

「整理収納サービスで、スペースがあっても片づかないお宅をたくさん見てきました。そこで学んだのですが、収納は広さで決まるものではないんだなぁと。要は、収納が機能しているかどうか。ものが出し入れしやすく、アイテムや量が把握できる。そんな『使える収納』なら、どんな家でも片づくと思うんです」。

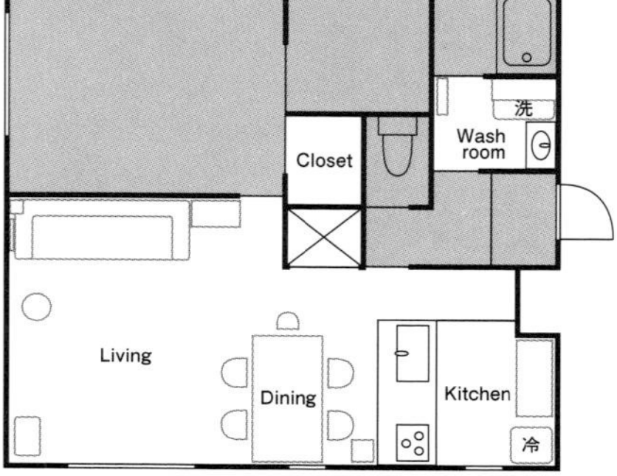

賃貸マンション／1LDK 50㎡／築4年

本多家の「収納が、ない！」

- ☑ リビング
- ☑ ダイニング
- ☑ キッチン
- ☑ クロゼット
- ☑ 洗面所

リビングダイニングに収納は1か所しかなく、リビングで使うものを出し入れするには距離があります。寝室のクロゼットは間口120cmで、4人分の衣類を収めるには小さめ。洗面所にリネン庫はなく、通路を除けば壁際にわずかなスペースがあるだけ。

1

2

1.ダイニングの収納には、書類や事務用品など仕事でひんぱんに取り出すものを。手前を空けているので、出し入れはもちろん、中身を把握しやすく、埋没や紛失を避けられます。2.キッチンの食器棚兼家電棚。上段は奥行きが半分の棚を選び、下段の食器を出し入れしやすくしています。量より「使いやすさ」を優先すれば、すべてのものが使え、死蔵品を生みません。

ぜんぶ、届きやすい

ダイレクトにつかめる、奥を引き出せる。
出し入れのストレスを限りなくゼロに近づければ、
収納は使えるスペースに生まれ変わります。

Kitchen

間口180cmで作業スペースが取りづらいキッチン。
ものが置けないため、吊るす収納で補いました。
シンク下は、引き出しなどで手前からのアクセスを重視。

1

3

4

2

1.吊り戸棚の下は、立ち位置から手が届く絶好の収納ポイント。**無印良品**の**ステンレスひっかけるワイヤークリップ**にスープの素を吊るしたり、ホルダーでキッチンペーパーを収納したり。2.引き出しを使って、奥も使えるようにしたシンク下収納。手に取りやすい扉裏をバットの定位置に。3.鍋やフライパンは重ねず１個ずつ、が基本。コンロ下は、ファイルボックスに立ててしまうには奥行きが足りなかったので、**無印良品**の**ポリプロピレン収納ラック・深型**と**同薄型**を組み合わせて棚をつくり、平置きにしました。4.引き出しには、スポンジや薬など、こまごましたものを１ボックス１ジャンル制に。

Dining

ダイニングの収納は、奥行きが深いため、ものを詰め込むと危険です。
手前を空けて、すべてのものに手が届くように。
そのぶん、シェルフで高さを区切り、収納量を増やしました。

2

3

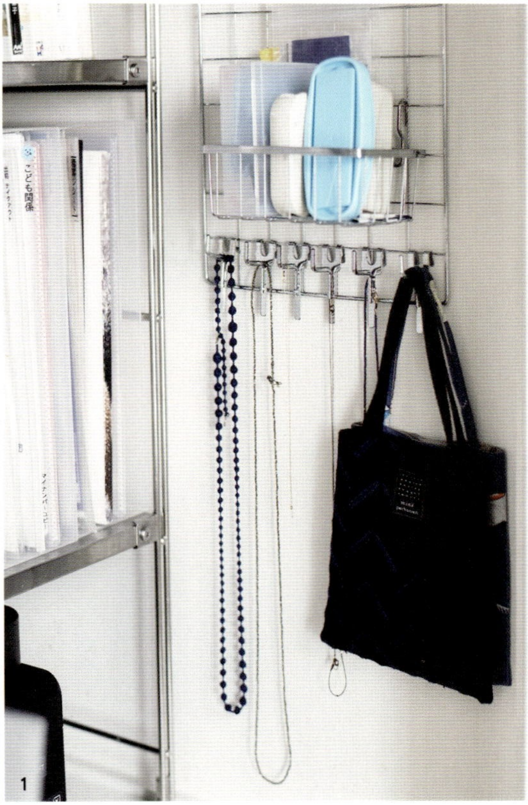

1

1.壁面につっぱり棒を渡し、100円ショップのワイヤネットを吊り下げて、かごやフックを引っ掛けます。ネックレスや手提げなど、すぐ使いたいものの指定席に。2.すぐそばのダイニングテーブルで仕事をするため、書類や事務用品、プリンターなどを収納。手前の空きは仕事道具の避難場所にもなり、テーブルのすっきりに役立っています。3.小分け収納できる引き出しケースを選び、中に切手や文房具、メンテナンス用品などを。

本は前後2列収納。後ろの本を出すときに備えて、前の本は両手ではさんで移動できる量、と制限していました。

ハンガーパイプの下に、強力つっぱり棒を追加。中央に吊り下げ式の収納や引き出しケースを置いて4つのゾーンに分け、人別に掛け分けています。枕棚のボックス家具にはニット類、白いボックスにはオフシーズンの衣類を収納。

Closet

間口120cm×奥行80cmのクロゼット。ここに４人分の衣類を収納しています。
収納量を確保しつつ、使いやすく収めるため、空間をフル活用。
目をつけたのは、両側の広い壁面でした。

2

3

1.すき間が生まれやすい壁際に、つっぱり棒を上下２段に渡し、夫の帽子やバッグ掛けに。ネクタイは**無印良品**の**アルミハンガー・ネクタイ／スカーフ用**に収納。2.**無印良品**の**ポリエステル綿麻混・ソフトボックス・浅型・ハーフ**は、子どもの肌着やズボンを入れるのにぴったり。引き出し上の空きスペースに並べて。3.奥の空いた空間にもつっぱり棒を。「ときどき、急に」入り用になる羽織り物を。

1

子ども服は「スタンバイ」管理法

子ども服は3つに分けて収納し、管理をしやすくしています。

今季着る服はハンガー、サイズアウト（2歳差の兄から弟へ引き継ぐもの）はボックス（写真右）、そしてクロゼット中央の引き出しには「スタンバイ」（写真左）を。

「スタンバイ」に収まっているのは、1シーズン前の、秋冬なら春夏もの、春夏なら秋冬もの。気候変動の調節に役立つうえ、翌シーズンの買い物計画が立ちやすく、重複買いを避けられます。また、シーズンの終わりにセールで購入した新品もここへ。パジャマや肌着は同じメーカーの同じ商品に決め、買い物の手間を省略しています。

「使える場所」につくる

遠くの「造りつけ収納」より
近くの「トラベルポーチ」。
正直「見た目がちょっと」なものでも、
片づくならそっちを選ぶ、
というラクしたがり屋の収納。

Dining

ダイニングの収納は、食事や仕事の最中に立つのは面倒な距離。
だったら、と座ったまま手が届く位置に収納を設けました。
「ここで使うもの」に限定し、小さな収納に。

2

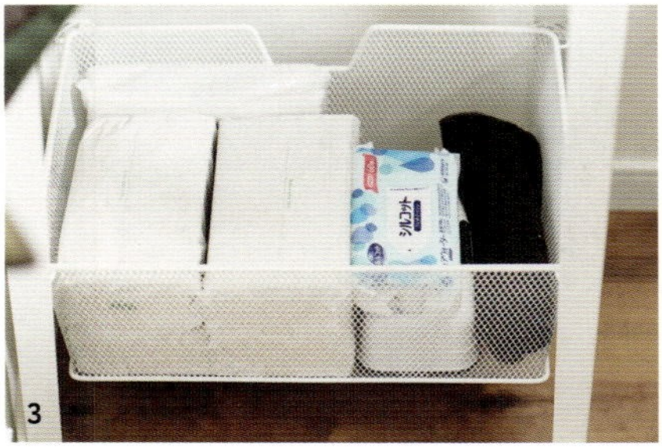

3

1

4

1.ポケット式のトラベルポーチは、体温計、リップ、コースターなどこまごましたものを小分け収納するのに最適。2.バッグは目的で使い分けるので、中身を入れる布バケツを用意。3.棚の最下段はティッシュや除菌シートのストック入れ。どれもテーブル周りで使うものばかり。4.ダイニングテーブル上をさっと片づけられるよう、近くに**イケア**のラップトップテーブル、**IKEA PS 2014**を置いてパソコンの逃げ場所を設けました。椅子の後ろの壁には、バッグ専用のフックも。

テーブルから手を伸ばせば届く壁にフックを取りつけ、トラベルポーチをぶら下げています。ここで使うものに厳選し、文房具はペンとはさみだけに。隣の竹かごはごみ箱で、鴨居フック＋引っ掛けピンチで固定。

ちなみに、トラベルポーチの前は壁につけるタイ

Living

広いリビングには、収納がありません。
「片づけ動線は短く」と、子どもが遊ぶ場所や家族がくつろぐ
ソファの周りに、手が届く収納をつくりました。

3

4

5

1

2

1.ソファの横に**無印良品**の**スタッキングシェルフ・2段（オーク材）**を置いて、ここで使う「ちょっとしたもの」を収めました。2.子どものお世話はソファ周りで行うことが多いもの。ソファと壁の間にはしご状のプラントスタンドを差し込み、植木ポット（！）にお世話セットや靴下を収納。スタンドは**イケア**の**サッツマス**。3.シェルフ上の引き出し。爪切りやアロマオイルなどは、子どもが届かない上段に。すぐ裏はクロゼットなので、着替えたあとここでアクセサリーを装着。4.引き出し2段に、こまかなものを人別にまとめて。右が夫で左が子ども用。5.古い木箱にキャスターをつけ、動く収納に。おもちゃの種類が多いため、バケツやボックスで仕切りつつ分類しています。

ダイニングからリビングを見たところ。
ゆるメイン通路に収納を配置し　いるのか
かります。左手が子どもの遊び場　で、右
が家族でくつろぐ場所。本多さん　常にも
のと人の距離を意識しています。

シェルフの投入で収納に余裕が生まれ、クレヨンを子どもの身近に。すると、お絵描きに興味を持ち始め　というううれしい発見

Wash room

両手を広げれば、壁に届きそうな小さな洗面所。
洗濯機を置くと通路しか残らないので、床置きはＮＧ。
洗濯機上のデッドスペースを収納に変えています。

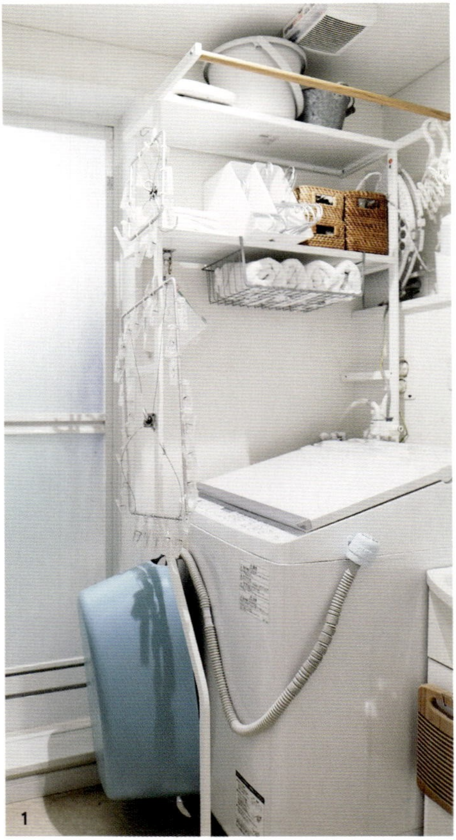

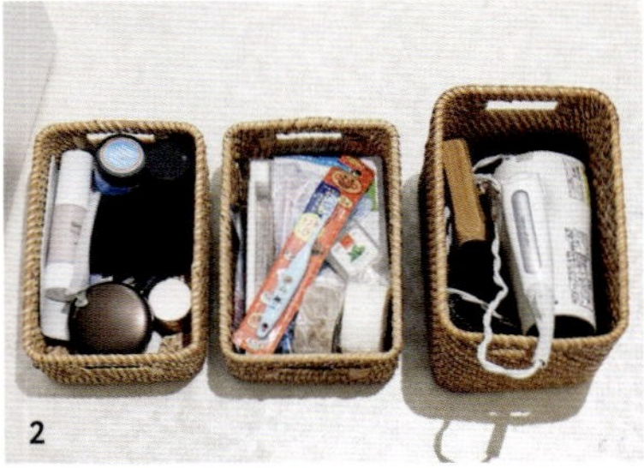

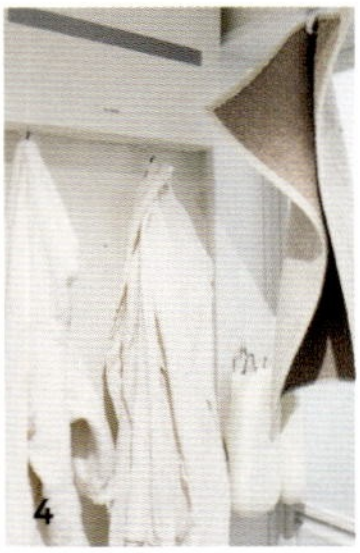

1. 壁際に**山崎実業**の**立て掛けランドリーシェルフ タワー ホワイト**を置き、洗濯機上のデッドスペースを活用。洗濯用品やタオルなどの置き場所を確保しました。タオルは棚下に引っ掛けたラックに丸めてコンパクトに。2.シェルフに置いたかごには、メイク用品や歯ブラシのストックなどこまごましたものを。3.ストッカーは使用時に向きを変えられるよう、底にキャスターをつけました。洗濯ネットや下着などを収納。4.バスローブなど長さのあるものは壁面に吊り下げて。**テラモト**の**tidy クリップ**にバスマットを。配電盤やドア枠下のわずかなスペースを生かします。

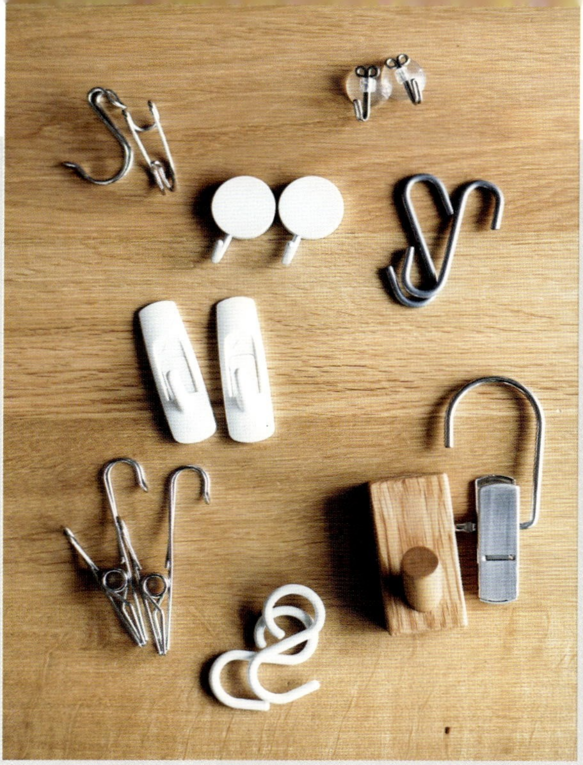

column

「本多さん、どうしたら収納上手になれますか?」

「ひと言で言うと、日々の『イライラ』をスルーしないことでしょうか。私は人よりイライラの沸点が低く、ちょっとしたことでイラッとしてしまいます。逆に言うと、収納が苦手な人の多くはこの沸点が高く、私から見ると相当我慢強い(笑)。そこのリミッターを解除してあげればいいんだと思います。

たとえばわが家では、子どもの靴下は子どもがいるリビングに収納しています。外出間際にクロゼットまで取りに行くたびに、イラッとしていたから。

このように、漠然と『収納、なんとかしなきゃ!』と思ってやるのではなく、何か問題が起こったときに先送りにせず、すぐ対処する。すると、問題が解決し、さっきまであったイライラが消えて、収納が楽しくなります。

収納の改善は、家事や育児に直結し、劇的にラクになります。イライラも手間も時間も減らせます。そのことを経験的に知っている私はもったいない精神が働いて、何かあったときこそ『チャーンス!』と思って、収納の改善にいそいそと取り組んでいるのです」。

☑ 欲しい場所にない

場所にとらわれないと、
収納はまだまだ見つかります。

ダイニングの壁際に机とシェルフを並べ、作業と収納を兼ねた子どもの学習スペースに。手前右は、子どもスペース入口の壁につくったおもちゃ収納。

手塚千聡さん

Profile

広告代理店勤務のワーキングマザー。ライフオーガナイザー®の資格を持ち、暮らしづくりのレッスンを開講。夫婦で家庭について語り合う月１ランチミーティングで、脱ワンオペを目指しています。家族は夫、長男（６歳）、長女（４歳）の４人。

手塚さんが暮らすのは、都心によくあるタイプのタワーマンション。こまやかな収納プランが施された家はしかし、そのままではうまく機能しなかったと言います。

「たとえば子どもスペースの収納に子どもの着替えを置きたいのに、場所が悪くて取りに行くのが面倒だったり、寝室のクロゼットは家族４人分の衣類を収めるには小さすぎたり。私たちの暮らしに、収納が合っていなかったんです」。

そこで手塚さんは、スペースに暮らしを合わせるのではなく、暮らしにスペースを合わせることに。収納のレッテル、たとえば「リネン庫にはタオル」といった与えられた役割を取り払い、まっさらな箱として見つめ直したのです。

「手始めに、子どもの衣類を洗面所のリネン庫に移しました。着替えから洗顔まで、１か所で朝の身支度がすませられるからです。逆に、クロゼットは衣類を集めず、アウターを着脱のしやすい廊下の納戸に移すなど、分散していきました」。

ワーキングマザーで2人のお子さんを育てる手塚さんにとって、収納や家事の時短は日々の命題。「ロスがないのはどこ？」「子どもが自分でできるのは？」とベストな位置を探し続け、そこに収納がなければ壁を収納に変えるなど、徹底的に使いやすさにこだわったのです。

「リネン庫にはタオル、と決めたのは、ここの住人ではない人。だから、固定観念を捨てて、自由な発想で収納を編集しました。すると、同じスペースでもより効果的に使えるようになり、暮らしが回り出したんです」。

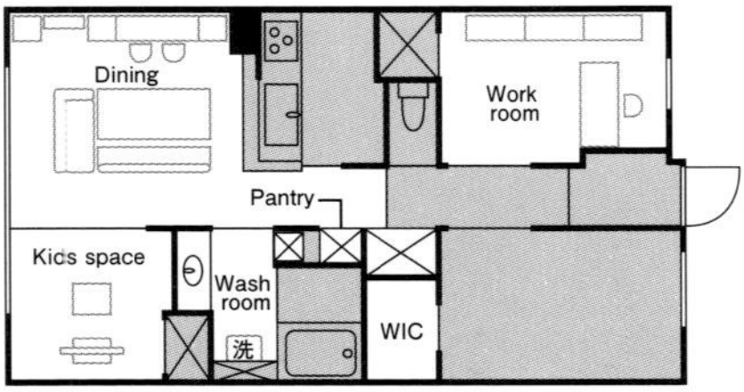

分譲マンション／2LDK 約67㎡／築3年

手塚家の「収納が、ない！」

- ☑ ダイニング
- ☑ 子どもスペース
- ☑ パントリー
- ☑ 書斎
- ☑ ウォークインクロゼット
- ☑ 洗面所

家のあちこちに収納が用意されているものの、広さや位置が限定的で、使いこなすのが難しい印象。子どもスペースの押し入れは活動範囲から外れ、ダイニングに収納はありません。寝室と書斎のクロゼットは広さが不十分で、収納量は少なめ。

1

2

1.しゃがむのがネックの洗面台下は、洗剤や掃除道具を置くのが相場。子どもには使いやすい場所と判断し、脱いだ服を入れるボックスを用意しました。乾燥機にかける服とかけない服を分けて。
2.存在感のあるプリンターは、リビング収納の悩みの種。手塚さんは「使うのは出力だけ」と廊下の納戸に。無線ＬＡＮで飛ばし、出てきた紙を受け取るだけなら十分。

壁を収納に変える

**使いづらい収納は、無理して使いません。
使いやすい場所を探し、そこに壁があったら、
有孔ボードやフックで収納問題を解決します。**

Kids space

押し入れは
部屋の最奥にあり、
取りに行くのが面倒。
そこで部屋の入口にある
壁に着目し、おもちゃを
吊るして収納しました。

1

2

1.業者に有孔ボードを張ってもらい、自分たちでグレーにペイント。フックと布バッグなら、数が増えたり、子どもが成長しても、変更が可能です。2.布バッグは色とりどりに。「赤はパズル」と覚えやすく、人に伝えるときも便利です。ピースはジッパー付きの袋に入れて、紛失を防止。

Dining

机に収納を併設し、子どもの学習スペースに。
ダイニングにはいっさい収納がないため、
子どもの活動と食事の場所を分けることで、
すっきりさせました。

壁と机の間に有孔ボードを差し込み、板やフックで収納をＤＩＹ。毎日使う文房具や学習教材の置き場所をつくりました。机の両サイドにはシェルフを置き、上に板を渡して照明を設置。シェルフには教科書など学用品を収納。

2

1

1.毎日勉強する学習教材の指定席。シェルフのファイルボックスに立てるのでは、なぜか片づきません。文房具は必要最小限に。グレーのトレイは**craft_one**の**concrete craft**。2.シェルフには、幼稚園に持って行く鞄や体操服などを。**無印良品**の**ポリエステル綿麻混・ソフトボックス・長方形・大**は口が広く、ドサッと入れられて片づきやすい。

シェルフだけでは片づかず、あとから有孔ボードを追加。手塚さんによると、作業中は横よりも正面が使いやすいそう。

Work room

クロゼットに収まりきらない本は、思いきってオープン収納。
壁一面にシェルフを並べたことで、書類から思い出の品まで、
包容力のある収納が生まれました。

ファイルボックスに貼りがちなラベルをシェルフのフレームに。使用後に迷わず戻せる工夫に、家族への気遣いを感じました。

シェルフは、上に軽くてかさばるもの、下に図鑑など重いものを置いて、安定感を出しています。白いシェルフは壁と一体化し、部屋が広く見える効果も。３つとも**イケア**の**ビリー**。

1

2

3

4

1.レシート専用ボックス。夫がパソコンで家計簿ソフトに入力するため、目に入りやすい位置に置きます。ボックスは**無印良品**の**ポリプロピレンメイクボックス・1/2**。2.天井とシェルフの間にすっぽりはまるボックスは、つっかえ棒代わり。へその緒やエコー動画など思い出の品や、家電や設備の備品を収納。3.書斎は夫婦で使うため、それぞれにかごを用意し、デスク上が散らからないように。左が妻用でモバイルバッテリー入れ、右が夫用で「取りあえず」の一時置き。4.子どもが手に取りやすい下２段は、絵本を集めた子ども図書館。すぐ前にスツールも用意し、気軽に読めるようにしています。

リネン庫に子ども服

**大人が使いづらい低位置は、子どものゴールデンゾーン。
たとえばリネン庫の下段、たとえば洗面台の下。
そうやって探していくと、スペースが機能し始めます。**

Wash room

狭いスペースながら、収納が豊富にある洗面所。
朝の身支度を１か所ですませたいと、
リネン庫を子ども服の収納に充てました。

2

3

1

1.リネン庫の下段なら、４歳の長女でもラクに届いて、自分で服を取り出せます。手塚さんは浴室乾燥派なので、洗濯物を戻すのも簡単。右手の扉が浴室。2.棚を外し、つっぱり棒を渡して、幼稚園の制服とシワが気になるものをハンガー収納。ボックスにはトップスやボトムス、幼稚園の靴下を。3.洗面台下の引き出し。大人にはうまく使えなかった場所も、子どもにとってはベストポジション。入浴後にさっと取れるよう、パジャマを収納しました。

パントリーに
紙もの・こまもの

こまごましたものは1か所に集めて見つけやすく。
すべてが収まるスペースを探したら、
キッチンわきのパントリーが適所でした。

Pantry

パントリーがあるのは家の要所。
動線が交差して一日に何度も通るので、
ちょこちょこ出し入れする家族の共用品をまとめました。

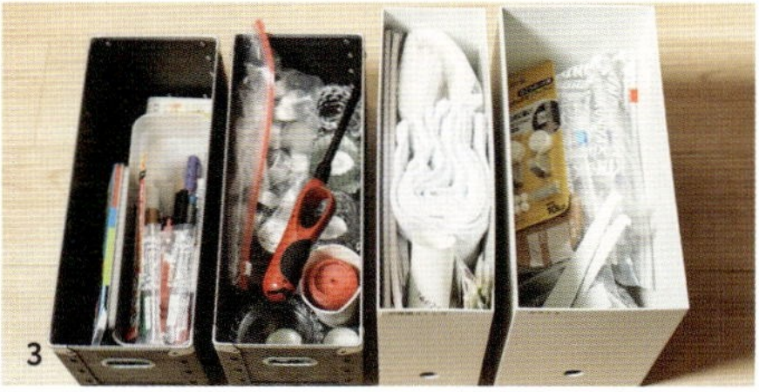

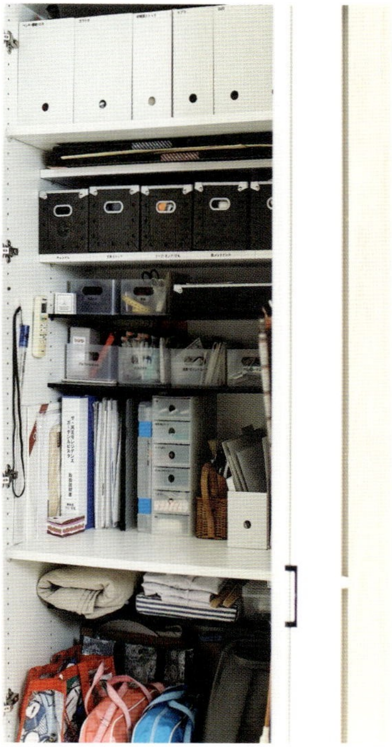

1.パントリーは、上に大人、下に子どもが管理するものを。浅い棚を効果的に配し、書類の記入ができる作業場所をつくりました。2.浅い棚には、ポイントカードや診察券などを入れたボックスを。壁面に**3Mのコマンドフック　クリア スイングフック**を貼り、メジャーを空中収納。3.ファイルボックスには、書類のほか、工作の材料や指定席のない「ガラクタ」を。文房具の２軍やキャンドルなどは、浅いボックスで数や種類が上からわかるように。4.奥行き55cmを前後に分け、奥は子どものオフシーズンの体操服や制帽の収納に利用。手前には一年中使う習いごとのバッグを。ファイルボックスは、**無印良品のワンタッチで組み立てられるダンボールファイルボックス・５枚組**。

そのまま使うには難しいスペース。「まずは棚板を追加するところから、始めてみるといいですよ」と手塚さん。

廊下・洗面所に大人服

服は、着る場所でしまい分けたほうが便利では？
狭いクロゼットにぎゅうぎゅう詰めにするより、
「分散」が使いやすい、という発見。

Corridor & etc.

着脱しやすい場所で収納を探したら、
アウターは廊下、下着は洗面所がぴったり。
収納の中身を見直し、最適の場所にスペースを確保しました。

2

1

1.アウターは廊下の納戸に。玄関とリビングの中間地点なので、出入りの際の脱ぎ着がスムーズです。リフォームでハンガーポールを設置。2.入浴後に身につける下着やパジャマは、洗面所が便利。大人が使いやすい上段の扉を外し、**無印良品**の**ポリエステル綿麻混・ソフトボックス・角型・小**を置いて、引き出せるように。

寝室のクロゼット（写真正面）は片引き戸で、開口部は55cm程度。人ひとり入るといっぱいで、中で着替えるのは窮屈です。ここには朝身につけるトップスとボトムス、靴下などを収納。

column

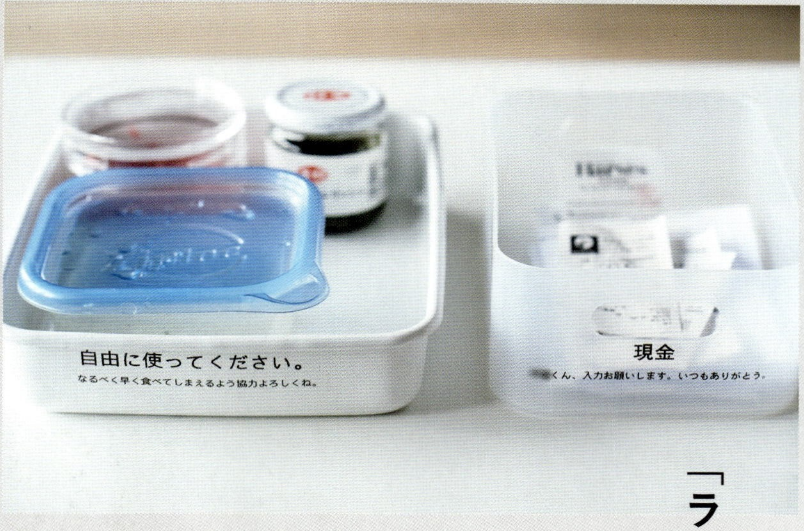

「ラベルだから、言えるんです」

「冷蔵庫に余った食材をまとめたトレイを用意しています。開封済みのものをなるべく早く、無駄なく使い切りたいからです。このことを、朝食を担当する夫と共有したい。そう思って始めたのが、写真のラベルです。

ラベルがあると、夫が私に『これ使ってもいい？』と聞かずにすみ、私も答えずにすみます。毎日の家事や収納で、夫婦の申し送り事項はたくさんあります。ひとつひとつはささいなことですが、忙しかったり疲れていたりすると、つい言葉が強くなりがち。とくに家事や収納は妻が主導権を握りやすく、夫婦関係に影響を及ぼす場合があります。

夫婦の伝言板でもあるラベルは、つばた英子さん・つばたしゅういちさんの著書『ききがたり ときをためる暮らし』（自然食通信社）がヒントになりました。「その気がなくても、口で言うと角が立ち、トラブルの原因になることもありますからね。～略～言葉のやりとりですませないほうが、いいことだってありますよ」（一部抜粋）。

心を持たないラベルはいつだって冷静で、私に変わって言いたいことを伝えてくれます」。

吊るせる収納で 1畳クロゼットでも 自然にすっきりが続く方法

夫婦が朝身につけるトップスやボトムス、靴下などを収納。季節の服だけ吊るし、季節外の服は枕棚の上に。右が夫、左が妻とゾーン分け。

夫婦2人分の衣類を収納した寝室のクロゼット。広さは1畳しかありませんが、とてもすっきりしています。「ごちゃつきがちな洋服を、無理なくきれいな状態を維持するには、どうすればいいか。考えた結果、たたむのをやめて吊るすことに。服の下に置いていた衣装ケースを全部なくしました」。

衣装ケースに収納していたインナーや靴下などは、ハンガーポールに吊り下げ式の収納を引っ掛け、その中へ。今まで無理な姿勢のせいでごちゃつきがちだったものが、立ったまま出し入れできるようになって自然に整うように。

また、ハンガーポールは衣装ケースと違って収納量に限界が。収納をスリムにしたことで量も抑えられ、すっきりを保つ好循環が生まれたようです。

ごちゃごちゃが、出し入れの姿勢を変えるだけで解決するなんて！　目から鱗でした。

厚みにこだわりました

ハンガーは薄さが自慢のドイツ製を採用。枚数を多く掛けられるのはもちろん、同じ枚数ならゆったりと掛けられるのも利点。洋服どうしが干渉し合わないので、出し入れで乱れづらくなります。

壁面にアクセサリー収納

壁に**無印良品**の**壁に付けられる家具・箱・幅44cm（オーク材）**を取りつけ、アクセサリー置き場に。空き箱で指定席を設け、戻りやすくしました。押し花の額やクリスタルも飾って、お気に入りのコーナーに。

立ったまま取り出せます

ハンカチや靴下は**無印良品**の**吊るせる収納・小物ポケット**に。立ったまま取り出せ、夫にも好評です。以前は洋服下に置いた衣装ケースに収納していましたが、かがんでの出し入れがストレスだったそう。

1回で洗わない服が困るんです

正面のハンガーパイプを洋服の一時掛けに利用。一度着たデニムやカーディガンを吊るして汗を飛ばせば、次にさっぱりと着られます。分けておくことで、洗濯のタイミングがつかめるメリットも。

しまうんじゃなく置く。
広さより位置が大事です。

山内利恵さん

Profile

リフォーム会社のデザイン部門に勤務するグラフィックデザイナー。自称「めんどくさがり」で、ものを探さずにすむよう、定位置化を徹底。夫と共通の趣味は音楽鑑賞。家族は夫、長男（５歳）、次男（３歳）の４人。

小さな棚とかごでつくった、ダイニングのおもちゃ収納。棚には、見た目にうるさくない木製品を置いています。すぐ前にギャッベ(ペルシャの絨毯《じゅうたん》)が敷いてあり、子どもたちはその上で遊ぶことが多いそう。棚は手づくり。

山内さんは2人のお子さんを抱えながら、月~木で働くパートタイマー。職場から電車で1時間離れた町にあるマンションで、家族4人で暮らしています。古いマンションに気の利いた収納はなく、押し入れが二間半あるだけ。賃貸で家には手を加えられないため、あちこちに置かれた小棚やカラーボックスが、この家の収納を支えています。

「私にとって収納は、ものを置く場所。『しまう』という概念がないので、『使いやすく置く』ことばかり考えています。それには、何より位置が重要で、自由に動かせてどこでも使える小棚やカラーボックスが、ちょうどいいんです」。

子どもが遊ぶ場所に小棚を置いておもちゃを収納したり、着替える場所にかごを置いてパジャマを入れたり。ものを使う場所に収納を用意し、出し入れの動線を短くして、少しでも片づけをラクに。「そうやって位置で収納を探すから、収納スペースの広さはそれほど気にならないんですよ」と山内さん。逆に、造りつけ収納や大きな家具は、必ずしも使うそばに置けず、ものを「しまう」ための倉庫になってかえって危険、とも。

山内さんのお宅は、あるべきところにものが収まって、本当に使いやすそう。ものをベストな状態で使うための準備が万端に整っています。「うち、模様替えが多いんです。それは、暮らしが変わるたびに家具をちょこちょこ動かして、収納も変えているから。収納が暮らしにフィットしていると、忙しくても家はそれなりに片づく。昨年から仕事を始めて、そのことを実感しています」。

山内家の「収納が、ない！」

- ☑ リビング
- ☑ ダイニング
- ☑ キッチン
- ☑ 玄関

本来のＬＤを食事兼子どもの遊び場所として使用。ダイニングの押し入れは奥行きがあり、子どもがおもちゃを出し入れするには不向き。キッチンに背面収納はなく、通路幅も狭いため、スリムなシェルフしか置けません。玄関に備えつけの下駄箱はなし。

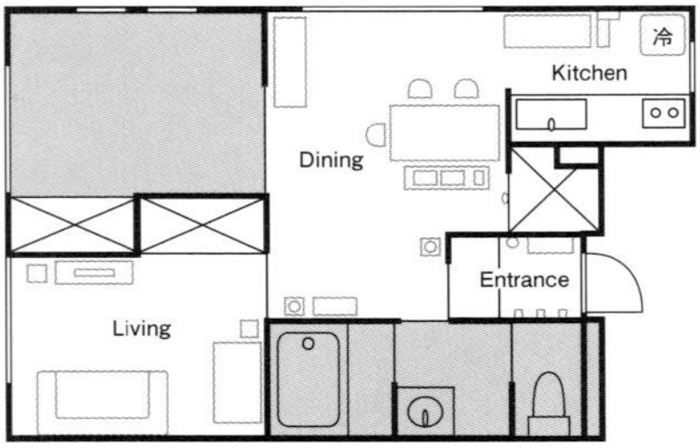

賃貸マンション／2LDK 約55㎡／築22年

1.ダイニングに点々と置かれたかごやボックス。居場所のそばに収納をつくって、出し入れの距離を短くしています。正面のかごは子どものパジャマ入れで、朝と入浴後の着替えをこのあたりでするそう。2.キッチンも、よく使うものは手の届く位置にオープン収納。道具がすぐ使えると、料理のスタートダッシュが決まります。

Dining

造りつけは半間の押し入れ１か所のみ。
ここは文房具や書類、薬などを収納し、
大人が管理しています。
子どものおもちゃは、あちこちに分散。

4

1

2

3

遊ぶ場所におもちゃ

椅子の下やかごにポイポイ収納。
面倒に思わない収納にしたら、
子どもが自然に片づけるように。

1.貼って学べるマグネットの知育玩具を、テーブルそばのスチール扉に。扉のつまみにがま口をぶら下げ、知育玩具の収納場所をつくりました。2.4.子どもが座るベンチの下に、**無印良品**の**ポリエステル綿麻混・ソフトボックス・Ｌ**と**ポリプロピレンスタンドファイルボックス・Ａ４用・ホワイトグレー**を置いて、中におもちゃやお絵描きセットを。広口のソフトボックスは、中身が見やすく、出し入れがスムーズ。軽いので、座ったまま引き出してポイッとしまえます。3.洗面所側の壁際に設けたおもちゃコーナー。ラビットチェアの上にバスケットを置いて、ミニカー入れに。持ち手つきなので、散らかっても回収がラク。

1

2

3

テーブルわきに紙もの・こまもの

**作業をする場所に、必要な道具を集めました。
コの字に置いて前を空ければ、
ぜんぶにアクセスできます。**

1.右から枕棚のかご、中央の引き出しケース、左手の書類ケース。使用頻度と位置をマッチングさせ、どれも使いやすく収納します。2.書類や文房具、電池やケア用品……。家族の共用品を集め、ここに来ればわかるように。こまごましたものは、ボックス家具を**無印良品**の**ポリプロピレン小物収納ボックス３段・Ａ４タテ**で仕切って、その中へ。3.子どもの提出物や朝の検温など、すぐ使いたいペンと体温計は、ゼロアクションで取れる壁面に。シンプルなジョンマスターの空き箱で指定席を。

なんと、押し入れ壁面の天井下スペースに、フロアモップを収納。唯一長いものが掛けられる場所だそう。

立ち位置に
食品・調理ツール

手を伸ばす、振り向く。
最小限の動作ですむように配置しました。
限られた収納では、ものの優先順位が鍵に。

☑ 賃貸でいじれない

手が
日使 も、
乾い まとめ
て、
ト

Kitchen

広さ２畳弱のコンパクトキッチン。
背面収納がないので、シェルフやストッカーを追加し、
家電や食品の収納に充てました。
シンク上にはつっぱり式の収納も。

1

4

2

3

1.壁面に、ちょっとものが置ける場所をつくりました。賃貸でも平気な**無印良品**の**壁に付けられる家具・箱・幅44cm**（**オーク材**）を設置し、上に掃除用品、中に食品を。2.毎朝使うパン皿をトースターの横に。隣は保育園に持って行く水筒や歯ブラシなど。まとめておけば、渡すだけで子どもが自分で鞄に入れられます。3.シェルフ最下段の食品や消耗品のストック（左）は、上から丸見えなのでフタつきのケースに。右は、冷蔵庫の上に置いたお菓子。4.シェルフ隣の炊飯器置き場を兼ねたストッカー。ラップや乾物など、ひんぱんに出し入れするものを入れています。案外よく使うペンやハンドクリームなども、**無印良品**の**ポリプロピレンメイクボックス・仕切付・1/2横ハーフ**で指定席を確保。

シェルフの最上段はディスプレイコーナー。「使う」と「飾る」を分けたことで、すっきりしつつも楽しげなキッチンに。

Kitchen

吊り戸棚とシンクの間につっぱり式の収納を取りつけ、作業スペースの目の前に調理ツール置き場を。長さの順に並べれば感覚的に手に取れます。包丁ホルダーは**ヘンケルス**の**ナイフブロック**。

1.背の高い山内さんにとって、吊り戸棚の下段はゴールデンゾーン。コーヒーやドリッパーをすぐ出せるようにしています。隣には、一緒に使うマグカップも。奥はアクリルの棚で高さを仕切り、手に取りやすい上によく使うものを。
2.シンクの真下には、もっともよく使うものを集結させました。鍋はコの字ラックに分けて置き、目当てのものを取り出しやすく。調味料ボトルの横倒れ防止に、ファイルボックスを利用。

シンクの上はオープン収納でもすっきり見えるよう、ステンレス、木、ホーロー、ガラス製品で統一。

column

「すっきりの種まきをしています」

「突然ですが、私は箱が大好きです。

ワイン箱にりんご箱、靴箱、ネクタイが入っていた箱……。いちばんはお節料理が入っていた木箱。いつも同じお寿司屋さんにお節料理を頼んでいるので、毎年ひとつずつ増える計算です。この箱が、散らかりやすいごちゃごちゃしたものの収納にうってつけなのです。たとえば、玄関の鍵や梱包を解くカッター、靴の消しゴムクリーナー、ダイニングの夫の腕時計や財布、スマホ、私の押し入れクロゼットのアクセサリー。

シンプルな白木の箱は、出しっぱなしにしてもインテリアになじみ、棚に置くのにちょうどいいサイズ。四角い箱を棚に置くと、どこか空間が引き締まって見えます。中に入れるのは、6個とかそれくらい。余白を取って並べれば、標本箱に収まった化石か何かのようで、「雑多感」が薄れる気がします。

今回の取材で、部屋をすっきり見せる方法を聞かれて悩みましたが、私の答えはこのお節箱収納。ディテールをつなぎ合わせたときに、全体として『すっきり』が形を現します」。

通り道にアウター・バッグ

アウターやバッグは、散らかるものの代表。
部屋の入口や玄関に収納をつくり、
「ついで戻し」を可能にします。

イケアの**ムーリッグ**が収まるフレームを手づくりし、靴やバッグ置き場に。入口に近い左側に、通勤バッグを引っ掛けています。かごの中身は、ウエス用のぼろ布。

Living

玄関に通じる部屋の入口に、
ハンガーラックを置いてミニクロゼットに。
リビングには押し入れが一間ありますが、
丈の長い洋服を掛けられないので、
「外」に収納をつくりました。

Entrance

収納がなかったので、小さな下駄箱を置いて靴を収納しました。
足りないぶんは、かごやフックで壁面収納をつくり、
雨具や帽子、アウターを吊るしています。

2

1

5

3

4

1.下駄箱の向かいの壁に、**無印良品**の**壁に付けられる家具・フック（オーク材）**を取りつけ、アウター掛けに。ここなら、脱ぐのも着るのも便利です。2.お節箱や空き箱を置いて、鍵などのごちゃつきがちなものを中へ。3.壁に吊るしたブルキナバスケットに、かさばる自転車のレインカバーをくるくると丸めて。水草を編んでいるので、湿気に強く最適。4.茅《かや》乃《の》舎《や》の贈答箱をシューケア用品の収納に。5.靴の高さぴったりに棚を置いて、スペースを無駄なく活用。最上段にはレインコートと折り畳み傘を収納しています。ボールはそのまま持ち出せるよう、エコバッグに入れて。

「使える収納」にするための押し入れ攻略法

リビングの押し入れ。上段に夫の衣類、下段に子どもの衣類とおもちゃを収納。子ども用の机で車庫をつくり、車を入れるようにしたら、子どもが喜んで片づけるように。

保育園セット、まとめました

保育園に身につけていくものをまとめれば、朝の身支度で開ける引き出しは1か所でＯＫ。子どもも夫も探しやすい。

散らかるものをポイ入れ

吊り下げ式の収納に、ハンカチやベルトなどの小物を。空いた下段は、脱いだパジャマやリモコン、文庫本をしまう場所。

攻略が難しいとされる押し入れですが、山内さんは小棚やカラーボックスと同じ感覚で、便利に使っています。

毎日使う通勤着や保育園着、おもちゃやリモコン、読みかけの本などを収納し、こまめに開け閉め。夫や子どもたちも、するすると押し入れからものを取り出しています。

奥行きや高さのある押し入れを、日常的に使いこなすのはなかなか難しいもの。どうやって攻略したのでしょう？

「衣装ケースで、奥をつぶ

寝室の押し入れ上段は妻のスペース。奥には本棚もつくりました。木箱の右は手ぬぐいで、左はアクセサリー。今着る服だけを出し、そのほかはボックスに入れて中段の下へ。

ボトムスは重ねてスペース節約

数を多く持たないボトムスは、たたんで布製ボックスへ。ラインナップは頭に入っているので、吊るして見せる必要なし。

保存容器で仕切ってすっきり

衣装ケースの３段目。ケース内を保存容器で仕切り、靴下と下着をはっきりと分けて。ごちゃ混ぜにならない工夫です。

してしまうんです。押し入れは手前の一方向からしかアクセスできないので、奥まで入れて引き出すか、奥を使う場合は手前を低くするか、空けるように。とにかく、全部が見えていて、手に取れるようにしています。

高さについては、幸いハンガーポールが備わっていたので、吊り下げ式の収納をぶら下げたり、カラーボックスや木箱を重ねて空間を分け、むやみに積み重ねないように。個別のアクセスが鍵になります」。

デメリットをクリアすれば、押し入れはビッグな「使える収納」になり、本当の意味での家の「収納率」（✒）を上げることができます。

✒「収納率」とは家の総床面積に対する収納面積の比率。間取り図上はあっても、上手に使えていなければ下がることに。

釘なし、置くだけ。
おうちにやさしい収納です。

林千恵さん

Profile

主婦。独身時代はインテリアの会社に勤め、家具や雑貨が大好き。自称収納下手でものが捨てられない性格ながら、賃貸マンションでも片づく暮らしを試行錯誤中。家族は夫、長女（8歳）、長男（5歳）の4人。

リビングとダイニングのふすまを外し、シェルフで間仕切り兼収納をつくりました。おもにダイニング側からアクセスしますが、リモコンなどはリビングから使えるよう上段のトレイに。

昭和の面影を残す、巨大な団地の一角に、林さんのお宅はあります。古いぶん、広さはたっぷりで4人暮らしには余るほどですが、収納が十分ではありません。しかも住まいは賃貸のため、棚ひとつ勝手につけられないという悪条件。

「絶対に釘を打てないので、選択肢が限られていました。置くか引っ掛けるか。わが家は転勤族で、大きな家具を持ちたくなかったので、まずは持っているもので補って、足りなくなったら小さな収納用品をひとつずつ買い足していきました」。

林さんの家には、ボックスやストッカー、エコバッグを使った収納がいたるところに見られます。キッチンのわきに置いて消耗品を収納したり、長押《なげし》（柱と柱をつなぐ横木）や洗濯機に家事の道具を吊るしたり。「困って」「どうしようもなく」置いたというそれらは、じつに使いやすそうな場所にあり、収納が機能しているのが見てとれます。「いつもここに散らかるから」「そこだと通り道なのでついでに」など、家事の動線や家族の行動を把握しているからこそ見つけられた適材適所です。

使用しているボックスやストッカーには特徴があり、すべて中身を隠せる不透明な素材。「はい、これは必須です。きれいに収めるの、苦手なんです」と林さん。中はごちゃごちゃでもいいという割り切りが、無理せず部屋をすっきり保つ秘訣につながっているようです。

林さんの場合は、大きな家具を持たなかったことで、必要な場所に必要な量だけをしまう、というちょうどいい収納ができ上がりました。

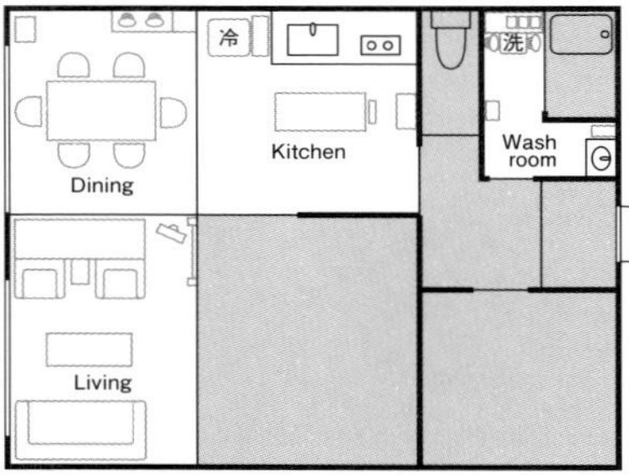

賃貸マンション／2LDK 約65㎡／築24年

林家の「収納が、ない！」

- ☑ リビング
- ☑ ダイニング
- ☑ キッチン
- ☑ 洗面所

昔ながらの田の字形の間取り。ふすまを外して間続きで使うせいか、ダイニングとリビングには収納がありません。水まわりにも収納がなく、洗面所には小さな棚がひとつあるだけ。キッチンは吊り戸棚があるものの、高い位置にあって手が届かないため、「使えない収納」に。

1.背面収納のないキッチンには、長年愛用しているワゴンを置いて、食器やカトラリーをオープン収納しました。2.S字フックをダイニングの長押《なげし》に引っ掛け、ちょっとした掃除道具置き場に。エコバッグはごみ箱代わりで、中身はなんとプラごみ。林さんは「見えていいもの」と「隠したいもの」をはっきりと区別し、それぞれに合った収納用品を選ぶことで、自分らしい収納をつくっています。

ワゴンで背面カウンター

ワゴンなら、好きな位置に収納をつくれて、
レイアウトが自由。
キッチンの「ちょっと置きたい」も叶います。

ワゴンには、よく使う食器やカトラリー、ランチョンマットなどを。食事の支度はここにあるものでそろいます。家電は多機能のウォーターオーブン１台ですませるため、省スペース。

Kitchen

昔ながらの壁付けキッチンで、背面収納はなし。
吊り戸棚は高い位置にあって
手が届かないため、使えません。
ワゴンで食器棚兼カウンターを増設。

1

2

4

1.かごに洗った弁当箱を乾かしつつ収納。平日はフル稼働なので、いちいちしまわず、すぐ使えるように。2.カトラリーは大きさ別にトレイに。左の２つは、**無印良品**の**ポリプロピレンデスク内整理トレー３**。一緒に使う口元ナプキンも用意。3.最下段にはランチョンマットを。浅いかごに１枚ずつ並べれば、上から見やすくて、選ぶのもスピーディー。4.テーブルに近い位置をコップ置き場に。冷蔵庫のすぐ前なので、子どもが自分で飲み物を用意できます。

ワゴンはD&DEPARTMENTで見つけたもの。インダストリアルなデザインが混ざると、キッチンはたちまちおしゃれに!

ストッカーですき間活用

ストッカーで高さを区切り、
引き出せる小部屋をつくりました。
狭いキッチンでは、面積より体積に目を向けます。

1.キッチンと冷蔵庫の間にストッカーを置いて、引き出せる収納をつくりました。ネットで見つけたストッカーの色はグレーアイボリー。中身が透けず、白すぎず、古いキッチンにしっくりなじみます。2.本来ならシンク下の引き出しに収納したい、スパイスの小瓶やラップ、ビニール袋などを。

衣装ケースでパントリー

たっぷり入って、引き出せる。
じつはシンク下が得意な衣装ケースを
食品庫として使います。

2

1

1.シンクの下に奥行き約44cmの衣装ケースを入れ、お菓子や乾物を収納しました。立ち位置の左手なので、後ろに下がることなく引き出せます。2.食品は立てて入れ、上から見つけやすいように。湿気が気になるものは、ジッパー付き袋や密閉容器の中へ。衣装ケース上に置いたメイクボックスには、保存容器を収納し、手に取りやすい前ぞろえに。

Kitchen

伸縮棚で食器棚、つくりました

シンクの真下は伸縮棚で排水管を避けつつ、高さを分割。たくさん持っている食器の置き場所をつくりました。伸縮棚の左にも木箱を置いて、中にガラスポットや空き瓶など背の高いものを。

☑ 賃貸でいじれない

シンク真上のワイヤ棚は、貴重な収納スペース。高い位置で届きづらかったので、フックを使って長さのある調理ツールをぶら下げ、下を持てば取れるようにしました。

フックで空中収納

**スペースを取らず、場所を選ばない。
フックやつっぱり棒を使って、
欲しい場所に収納をつくりました。**

Living & Dining

昔ながらのふすまで仕切る続き間。
家族が過ごす場所に収納がないので、
長押《なげし》や鴨居《かもい》を利用した吊るす収納を。

3

1

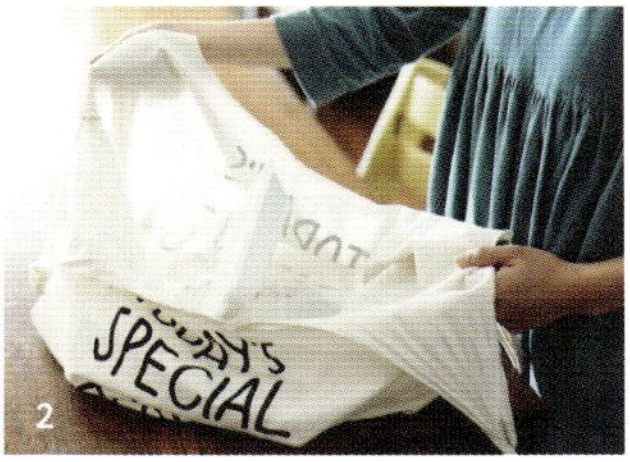

2

1.2.長押《なげし》を利用して、壁面に収納をつくりました。大ぶりのS字フックとおしゃれなマルシェバッグを組み合わせれば、インテリアにしっくりなじみます。マルシェバッグの中身はプラごみ。3.敷居と鴨居《かもい》の間に、ハンガーパイプを留めた2×4の木材を固定し、アウターやバッグのちょい掛けを設置。上段を大人、下段を子どもが使っています。アジャスターは**PINK FLAGのピラーブラケット**、ハンガーパイプは**平安伸銅工業のLABRICO 伸縮アイアンロッド S ブラック**。

マルシェバッグのプラごみ入れは、キッチンをごみ箱に占拠されたくないから。その気持ち、よくわかります!

ボックスで小分け収納

洗面や洗濯用品などこまごましたものは、
アイテム別に分けてわかりやすく。
ボックスやかごなら、ちょこっと置けて便利。

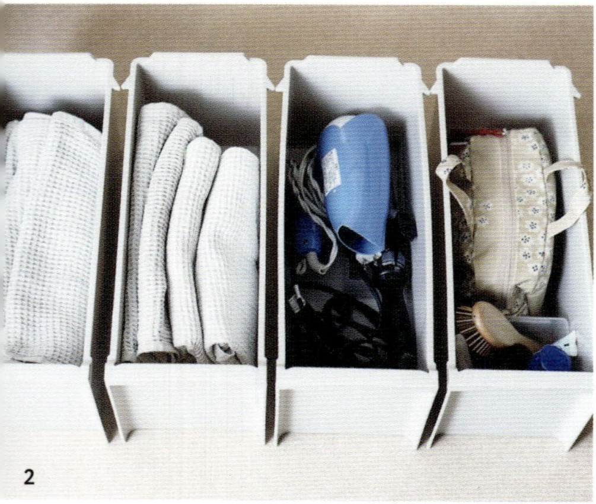

2

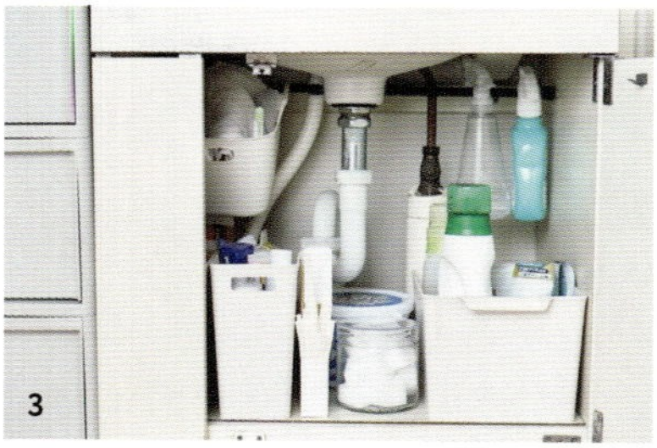

3

1.収納ポケットが2つあるだけの洗面台。毎日使うものだけを置いて、収納は増やしません。2.ストッカーの上段から、化粧ポーチ、ドライヤー、タオル。タオルはフェイスタオルに一本化し、枚数もここに収まる限りに。3.洗剤や掃除道具を収納した洗面台下。上部のデッドスペースにつっぱり棒を渡し、S字フックでボックスの持ち手穴を引っ掛け、雑巾と古歯ブラシを収納しています。

1

☑ 賃貸でいじれない

Wash room

収納は、洗面下と棚ひとつだけ。
洗面、洗濯、物干し、脱衣と
こなす作業が多いため、
床置きは避け、
小さな収納を用意しました。

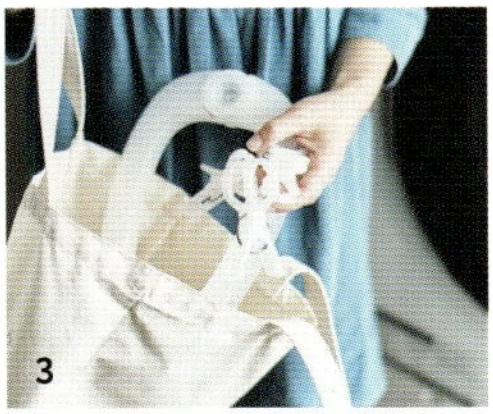

1.洗濯機周りの小さなスペースに、かごやエコバッグで収納場所を確保しました。2.洗濯機上のかごは、乾燥機から取り出したパジャマ入れ。クロゼットに戻す手間がいらず、入浴後にすぐ着られます。かごは**無印良品の重なるラタン長方形バスケット・大**。3.洗濯ピンチや布団ばさみはエコバッグの中。持ち手を壁付けの水栓金具に引っ掛けています。ボーダーの袋には洗濯ネットを。4.棚が高い位置にあるので、手に取りやすいよう、**ケユカのハンドル付きストッカー**を採用。洗剤やシャンプーのストック、シェーバーを分けて。

使っているボックスは全部不透明。これが効果的で、生活感が出やすい場所でもすっきりしていました。

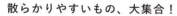

子どもがいても ダイニングをすっきり おしゃれに見せる工夫

子どもが宿題をしたり、おやつを食べたり。家族が集まるダイニングは、ものも集まってくるもの。そこで、林さんは椅子の後ろにシェルフを置いて、「振り向けば片づく」しくみをつくりました。

片づけ動線が短いので、面倒に思わず、これだけ近いと子どもに言いやすいのが強み。「どこにー？」と聞かれたら、「ほらそこ」と言えばいいのですから、説明が簡単で根気を必要としません。

シェルフは、ひとマスごとに人やアイテムを決めています。越境入学はなしで、増えてもその中で完結。ごちゃごちゃしたものは、引き出しやかごにしまいます。

教科書、リモコン、学校プリント、家計簿……と、じつは生活感満載の収納なのですが、雑貨やグリーンを混ぜることで、ダイニングの雰囲気を保っています。下に重心を置いて、上は軽く抜け感を大切に。ものと空間のバランスを守れば、おしゃれな収納がつくれます。

お父さんグッズ置き場もあります

帰宅後にテーブルに置きがちなのが、身につけているものや鞄から出したもの。**無印良品の重なるラタン長方形バスケット・大**を使って、隠す場所を用意しました。すき間から放り込める高さを選択。

散らかりやすいもの、大集合！

しまい込むと使いづらいリモコンや鍵は、トレイに放り込み式に。欲張らず、散らばりを阻止できるだけでよし、とします。目立つ位置には収納グッズを使わず、木のトレイでインテリアになじませて。

子どものプリントのうち、イベント案内などはアプリEvernoteを利用し、紙で取りおくものをセーブ。

リビングとの間仕切りを兼ねた収納は、
無印良品の**スタッキングシェルフセット・5段×3列（オーク材）**。ここは学用品と絵本が中心でおもちゃはリビングに。

それぞれに、用意しました

子どもの工作やお絵描きの道具などをしまうボックス。長女と長男で分け、子どもが管理しています。これがあるおかげで、テーブル上がすっきり。ボックスは、**無印良品**の**トタンボックス・フタ式・小**。

眺めてうれしい宝物は引き出し

最下段には、**無印良品**の**スタッキングチェスト・引出し・4段（オーク材）**を。ひとり1段ずつ何でも入れていい場所を設けました。引き出せば一望できるので、開けるたびに楽しく、ものが戻りやすい。

困りがちアイテム、どうしてる？

Ａ４サイズでそろえて柄見本帳に

趣味の包装紙集めは増えて困るので、Ａ４サイズに切りそろえて取っておくように。フォルダにはさめ、きれいな状態で保存できます。（なかむらけんじさん・ゆきこさん）

貼りつけなら、だれでも見つかる

輪ゴムやクリップなど、ごちゃついてわかりづらいものは、貼りつけ方式に。冷蔵庫にマグネットフックやポケットを留めて、飾るように収納しました。（山内利恵さん）

気持ちが満たされる大きさです

子どもの作品はしばらく取っておきたいので、大容量のボックスを選択。いつも通る場所に、習いごとバッグと一緒に置いて、片づけやすくしています。（手塚千聡さん）

１日１回必ず触る場所が効果的

毎日のように届く郵便物。溜めがちな夫のぶんは、見る機会を逃さないよう、ＰＣのキーボード上に。妻のぶんは、未処理トレイに入れて仕事中に処理。（やまぐちせいこさん）

お便り処理システム、ですっきり

子どもの帰宅後にプリントを仕分け、急ぎや期限付きのものはバインダー、読み終えたものはかごにポイッ。必要なものだけ、人別に分けたファイルに収めます。（マルサイさん）

口をしぼれば、一気に片づきます

美濃羽《みのわ》まゆみさん考案のお片づけマットなら、おもちゃを拾い集める手間がなし。子どもはこの周囲で遊んで、広く散らかさないので、片づけがあっという間。（林千恵さん）

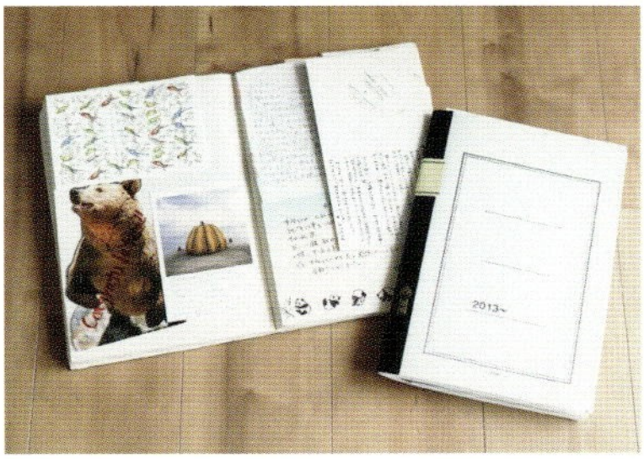

思い出を眺めて楽しむ本にしました

箱にしまうと永遠に見ないような、手紙や旅のチケットなどの思い出の品。時系列に沿ってノートに貼り、１冊にまとめれば、見返すのが楽しくなります。（本多さおりさん）

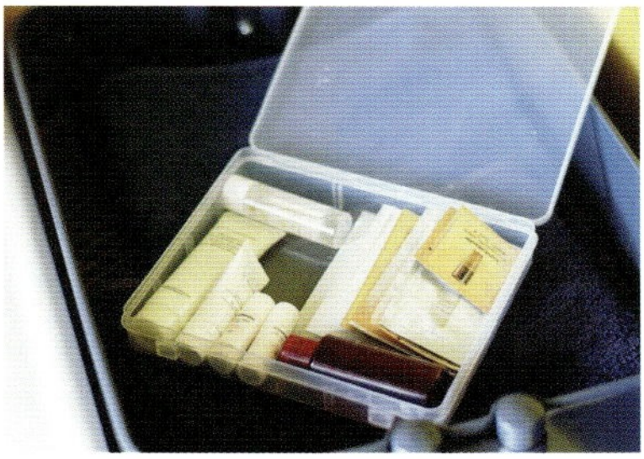

太らないケースでどんどん使う

溜めがちな化粧品サンプルは、ハードケースに収納。「ジッパー付き袋だったときは、いくらでも入って使いどきを逃していました」。底が広く見やすいのも◎。（中田智恵さん）

家族が使いやすいから、押し入れの「外」につくりました。

中田智恵さん

Profile

愛知県在住の整理収納アドバイザー。引っ越しを繰り返すうちに、「いいものを少し」の暮らしにシフト。逆境を力に変えるバイタリティで、古い社宅をおしゃれに住みこなしています。家族は夫、長男（８歳）、次男（４歳）の４人。

リビングには、和室の名残を留める長押《なげし》が。キッチンとの間にあった引き戸を取り外し、開放的な空間を実現しました。左手に見える観音開きの扉がリビング収納。

転勤族の中田さんが暮らす家は、築42年の古い社宅。家の収納は絵に描いたような昭和式で、たとえばキッチンは懐かしい開き戸タイプ。ほかの部屋も押し入れや天袋など「広くて深い」収納ばかりです。

「扉を開けるとズドーンとだだっ広い空間。何かで仕切らないとうまく収納できないし、服をきれいに吊るすには長さが足りない。収納はたっぷりあるのに使えない現実に、最初はジレンマを覚えました」。

夫や子どもたちにとっても使いやすい収納を、と考えていた中田さんは、難易度の高い「広くて深い」収納をあきらめ、部屋に収納をつくることに。たとえば子ども部屋は、引き出しケースやハンガーラックを組み合わせて、服やおもちゃを収納。押し入れにしまうより、見てわかりやすく、手に取りやすい収納になりました。

寝室も部屋にハンガーラックを置いて、オープンなクロゼットに。服の出し入れはもちろん、一覧できてコーディネートがしやすいと、ご主人にも好評です。気になる見た目のごちゃつきは、色や高さをそろえたり、死角に配置するなどして解決。

一般的には、部屋に収納をつくると、居住スペースが狭くなって窮屈に感じます。中田さんはその点も考慮し、もともとある「広くて深い」収納を、使用頻度の低いものや、中田さん自身が管理するものの収納に充てていました。

「押し入れの『外』と『中』を使い分けることで、家の収納が機能し始めました。家族のだれもが使いやすいので、古い家でも快適に過ごせています」。

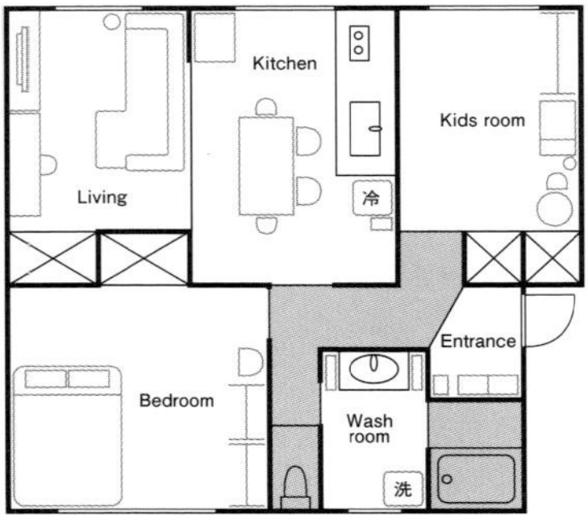

社宅／3K 約58㎡／築42年

中田家の「収納が、ない！」

- ☑ リビング
- ☑ キッチン
- ☑ 子ども部屋
- ☑ 寝室
- ☑ 洗面所
- ☑ 玄関

小さな個室が並ぶ3Kの間取り。各部屋に収納はあるものの、昔ながらの押し入れや天袋で、家族が使うには難易度が高めです。玄関と洗面所には収納がなし。キッチンのシンク下収納はそのままでは使いづらく、工夫が必要。

1.子ども用品は押し入れにしまわず、部屋に置いた引き出しケースとハンガーラックに。遊びや着替えはすぐ前で行うので、押し入れのように「しまいにいく」感覚がありません。2.寝室につくった洋服収納。ハンガーラックに夫婦のオンシーズン服を吊るし、管理やコーディネートをしやすくしました。隠したい下着や靴下は、ボックスや引き出しケースの中に。

ハンガーラックで
クロゼット

**見えやすく、手に取りやすい。
オープン収納なら、毎朝のコーデはもちろん、
脱いだ服がよく戻ります。**

Bedroom

押し入れは高さが足りないので、
ハンガーラックを並列にし、一覧できる洋服収納をつくりました。
小物やバッグは、ボックスや引き出しケースの中へ。

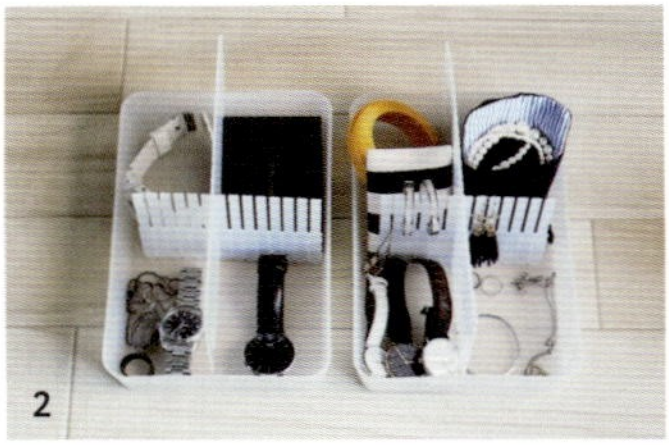
2

3

4

1

1.寝室にハンガーラックを２つ並べ、オープンなＷＩＣを新設。左右でゾーン分けし、右を夫、左を妻が使っています。**無印良品**の**ポリプロピレンケース**を組み合わせて、下着や靴下を収納。2.トレイを**無印良品**の**ポリスチレン仕切板・大・４枚入り**で仕切り、アクセサリーをアイテム分け。ピアスは手に取りやすいよう、仕切り板に引っ掛けて。トレイごと、吊り下げ式の収納に入れています。3.バッグは1軍のみここで、２軍は押し入れに。吊るすとごちゃついて見えるうえ、ハンドルの劣化が気になるので、ボックスにしまっています。ボックスは**イケア**の**ドローナ**。4.アイロン待ちの衣類。つい「そこらへん」に置きがちなものもしまう場所を設けて、部屋をすっきりと保ちます。

引き出しケースで子ども収納

子どもに難しい押し入れ収納はやめました。
ケースを引き出して、上から見えるように。
わかりやすさはすなわち、片づけやすさです。

Kids room

押し入れはアウトドア用品などの収納に充て、
衣類やおもちゃ、絵本は部屋に出しました。
引き出しケースを重ねて、２人分の容量を確保。

1

4

3

2

1.衣装ケースやボックスを組み合わせてつくった子ども収納。衣類はオン・オフシーズンで分け、オンシーズンの服を出し入れしやすい上段に。ハンガーラック下の空間を利用し、絵本とおもちゃもここに。ハンガーラックは**イケア**の**ムーリッグ**。2.次男が幼稚園に持って行く給食袋やティッシュなどは、衣装ケースの上に置いて、手に取りやすく（右）。ボックスに翌日着る服をセット（左）。3.インナーや靴下は、仕切りケースやトレイを使って、ひとつずつ立てて収納。上から全体が見渡せて、数や種類が一目瞭然。4.ミニカーはサイズでかごを分け、ごちゃ混ぜにならないように。収まりもよく、子どもの片づけモチベーションにも。かごは**無印良品**の**重なるブリ材長方形バスケット・小**。

ハンガーラックの脚元の四隅にブロックを立てて板をのせ、上下にスペースを。理想の収納にはあきらめない気持ちも必要!

ワゴンで洗面収納

棚じゃなくてワゴン。引き出して使えば、
出し入れの動線が短く、掃除が行き届く。
古いからこそ、美しさにこだわります。

Wash room

収納は洗面台下だけで、鏡裏収納もリネン庫もなし。
収納スペースの補充はもちろん、清潔を保ちたかったので、
ワゴンで可動式の収納をつくりました。

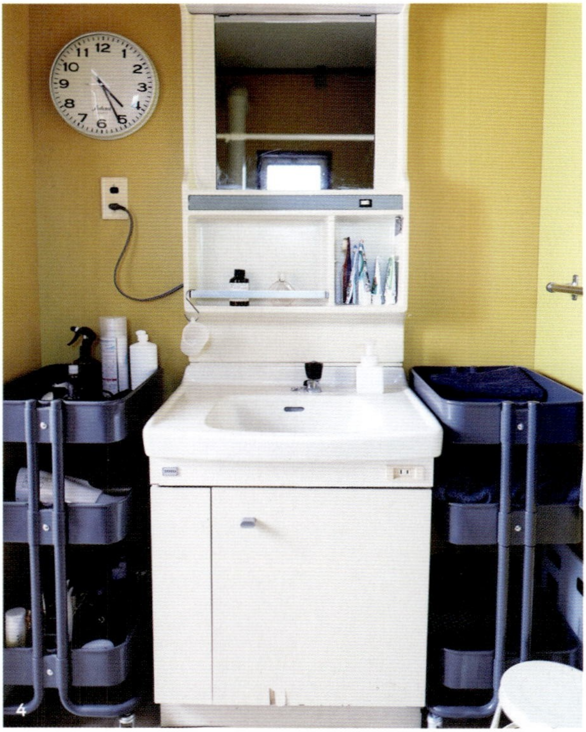

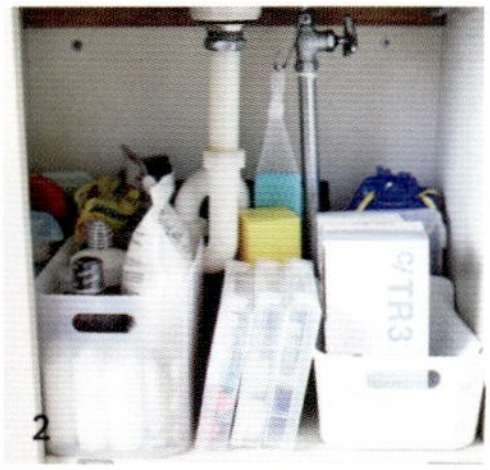

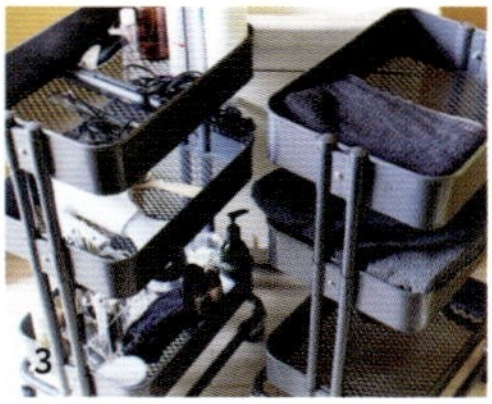

1.洗面台向かい側のランドリー。収納がなかったので、壁に**アイリスオーヤマ**の**強力伸縮棒**（**幅110〜190cm**）を渡し、ハンガーを掛ける場所に。排水管を利用し、洗濯ネットやランドリーバケットをマグネットフックで吊るしています。2.高さのある洗面台下は、メイクボックスを置いて、洗剤やマスクなどを立てて収納。上から中身が見えるよう、上部の空間は空けたままに。中央の小物ケースには、化粧品サンプルを。3.右はタオル、左はスキンケアやメイク用品などこまごましたもの。上段は夫、下段は妻、中段は共有で使うドライヤーなどを並べています。使用時は引き出して体の近くに置いて、使いやすく。4.左右のすき間に置いたワゴンは、洗面台とほぼ同じ高さ。出し入れの動作が最小限ですみ、効率よく収納できます。ワゴンは**イケア**の**ロースコグ**。

カラーボックスで下駄箱

**カラーボックスなら、
靴の出し入れがゼロアクション。
荷物で手がふさがっていても、ヒョイッと戻せます。**

Entrance

下駄箱がなかったので、カラーボックスを並べて、
靴収納をつくりました。靴を置くのにちょうどいいサイズで、
１段に２足がきっちり収まります。

1.上、中段が夫婦、下段が子どもの靴。隣には**無印良品**の**壁に付けられる家具・箱・幅88cm**（**オーク材**）を縦に置き、防水スプレーや学校用のスリッパなどを収納しています。2.カラーボックスに収まりきらない靴は、シンプルな靴箱に入れてディスプレイ。上下の箱の大きさを変えることでリズムが生まれ、おしゃれに見えます。3.棚の最上段に小さなトレイを用意し、鍵の定位置に。上部に空間の遊びがあるおかげで、ポトンと落とすだけ。

「線」ですっきり見せる中田さん。写真のカラーボックスと棚のほか、どの部屋の収納用品も高さがぴったり。

押し入れの「中」も活用

**使いこなすのが難しい押し入れは、
別の使い方をしたり、得意な人が管理します。
きっちり使って、「外」の収納をコンパクトに。**

Bedroom

夫婦の衣類をハンガーラックに吊るしたことで、
押し入れがフリーに。
上はワークスペース、下は来客用布団を収納しています。

中段をデスク代わりにし、パソコンやプリンターを置いてワークスペースに。レターケースには、仕事で使う名刺や伝票、資料などを分けてしまっています。余った奥にはつっぱり棒を渡し、フォーマルなど使用頻度の低い服を。

押し入れをワークスペースにしたことで、広々とした寝室に。もともとあった扉は外し、つっぱり棒を渡してカーテンをつけました。

Living

押し入れの扉は、開け閉めが面倒な観音開き。
スペースはたっぷりあるため、
中田さんが管理するものを１か所に集めました。

奥行きのある押し入れは、手前にスチールシェルフを置いて浅い収納に。さらにファイルボックスや引き出しケースでスペースを分割し、リビングで使うこまごましたものを収めました。基本は１ボックス１ジャンル制。

2

1

1.学校プリント、ラベルライター、薬、工具etc.アイテムに合う収納用品を選び、見やすく、出し入れしやすい収納に。ボックスの中は小さなケースで仕切り、がちゃがちゃ動くのを防いでいます。おもちゃを収納したケースは積み重ねられ、すき間活用に便利です。2.スチールシェルフの後ろは、使用頻度の低いものを。紙袋の収納に、**無印良品**の**ポリエステル綿麻混・ソフトボックス・長方形・中**がぴったり。

中段に敷いたカーペットに注目。ボックスの滑りが格段によくなって、出し入れがしやすくなるそう!

☑ 古くて使えない

昭和式キッチンを使いこなす収納術

中田さん宅のキッチンは昭和の型式。システムキッチンのような引き出しやツールポケットは皆無で、がらんとした空間が広がるだけ。吊り戸棚も高い位置にあり、「使えない収納」でした。

『使える収納』が限られているので、ものの使用頻度をしっかりと見極めました。使用頻度の低いものは吊り戸棚に、使用頻度の高いものはシンク下やワイヤ棚に、と振り分け

ていったんです」。
　とはいえ、シンク下はそのままでは使いづらい難所。収納用品を使って空間を仕切り、ものが個別に出し入れできるように。また、奥まった箇所に置くものは、大きな文字のラベルを貼って、手前からの把握を可能にしました。
　一方でワイヤ棚は、厳選した超１軍の指定席に。周囲の壁や冷蔵庫の側面もフックやホルダーで「使える収納」に変え、調理ツールや調味料の置き場所を確保しました。
「古いぶん、工夫できる余地があってよかったのかも。今風ではないけれど、使いやすいキッチンになりました」。

扉にグレーのカッティングシートを貼るなど、自分でリフォームしたキッチン。表に出すものは厳選し、色数をしぼっています。シンクのわきに炊飯器とライスジャーを置いて、セットしやすく。

シンク下はスペースを細分化

仕切りのないシンク下は、ファイルボックスなどの収納用品を駆使してスペースを小分けに。よく使う食器やカトラリーを収納しています。前後で高低差をつけて、奥まで手が続くように。

冷蔵庫の側面も収納スペースです

収納のないキッチンでは、冷蔵庫の側面も貴重な収納スペース。手を伸ばせば届く高さに、**山崎実業**の**マグネットスパイスラックタワー**を取りつけ、スパイスの置き場所を確保。

ワイヤ棚がゴールデンゾーン

ワイヤ棚に置いたボックスや缶には、弁当グッズや茶葉を。立ち位置からすぐ手が届くため、毎日使うものを収納しています。目立つ場所なので、すっきり見える白で統一。

重なるかごで２階建て収納

冷蔵庫わきのデッドスペースに、**無印良品の重なるラタン長方形バスケット・中**を２つ重ねて、保存容器の収納場所を増設。下には、処分検討中の食器などを入れています。

衣装ケースで食品庫

スチールラックの衣装ケースには、シンク下に入れたくない食品などを。上から見渡せて在庫を視認しやすく、買い物前のチェックがラク。内側の側面に、レギュラーメンバーの名前をラベリング。

スチールラックで背面カウンター

スチールラックに箱型の天板をかぶせ、カウンター兼家電棚に。朝食のパンやコーヒーが、１か所で準備できるようにしました。かごにはクーポン券やスマホ、衣装ケースには食品や消耗品を収納。

広すぎる収納は、小さく分けて シンプルに考えました。

やまぐちせいこさん

Profile

家族で持たない暮らしを実践するミニマリスト。整理収納アドバイザーの資格を持ち、慢性的に片づけが苦手な方への収納サポートを続けています。読書が趣味で、ひと月で30〜40冊読むことも。家族は夫、長男（16歳）、長女（14歳）の４人。

柱と漆喰《しっくい》でつくられた木造の一軒家。キッチンに吊り戸棚はなく、背面には造りつけのカウンターがありました。チラッと写っている左手の棚はやまぐちさんの自作で、下部に食品や消耗品のストックを収納。

築82年の古民家に暮らすのは、人気ブログ「少ない物ですっきり暮らす」の管理人であるやまぐちさん。家族で持たない暮らしを送っているせいか、ものの量は4人暮らしにしては少なめです。土間や押し入れを備えた家は、収納の悩みなどないように見えました。

「逆に、引っ越し当初は使いづらくてしょうがありませんでした。だって何でも入るんですから！ たとえば娘の部屋は、いろんなものがごちゃ混ぜになって、探すのにひと苦労。スペースがあっても機能しなければないも同然で、ものは片づきません」。

押し入れのほか、古いキッチンは下部収納に細工がなく、洗面台下の収納もがらんとした空洞が広がるだけ。まさに、「どこから手をつけていいのかわからない状態」を前に、やまぐちさんはまず、空間を小分けにすることから始めます。大きなファイルをフォルダに分解し、問題を個別化しようと考えたのです。ある場所は高さで、ある場所は奥行きで。そのため、どんな空間にもアジャストするつっぱり棒や伸縮棚は、欠かせないアイテムになりました。

一方で、ものもアイテムや使用頻度、使用者別に分けていきます。この両方をひとつずつマッチングさせ、大きな空間を構築していきました。

「ものを手放せず悩んでいる人に『捨てなくていいよ、分けちゃいなよ』と助言することがあります。アイテムや使用頻度で分けていくうちに、頭が整理されて『あっ、これいらないかも』と見えてくる。空間も一緒で、ただっ広い空間を分けることで、解決策が見つかりやすくなります」。

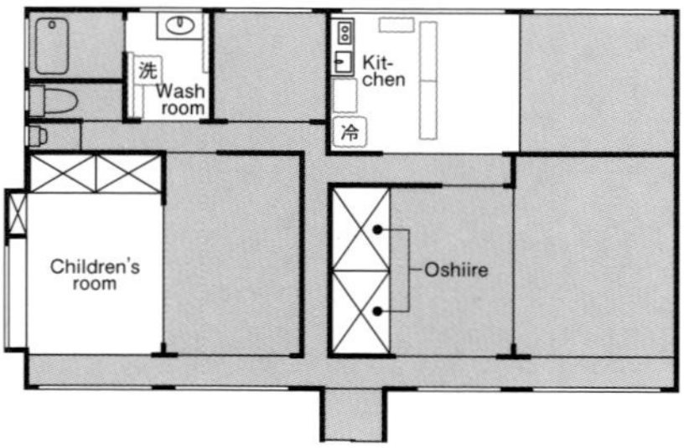

賃貸一軒家／4LDK+S 不明／築82年

やまぐち家の「収納が、ない！」

- ☑ キッチン
- ☑ 子ども部屋
- ☑ 押し入れ
- ☑ 洗面所

縁側に面して個室が並ぶ、昔ながらの日本家屋。キッチンのキャビネットや洗面台など設備は旧式で、こまかな収納が搭載されていません。子ども部屋には床の間と床脇があり、そのまま使うしかない状態。寝室の押し入れには中段すらありません。

1.寝室の押し入れは、中段や枕棚のないただの大きな箱。たんすやチェストは持っていないので、つっぱり棒やつっぱり棚で仕切り、クロゼットに改造しました。2.キッチンのシンク下収納。伸縮棚で高さを分け、いわゆる床面積を３倍に。そのおかげで、ほとんどのものをアクセスしやすい手前に置け、出し入れがよりスムーズになりました。

「高さ」を分ける

ものを分け、空間を分け、
使いやすくマッチさせる。
限られた空間では、
スペースを縦に広げるシェルフで、
高さを分けて使うのが有効。

Kitchen

旧式のキッチンキャビネットがポツン。
シンク下収納は
低い位置にあって使いづらいので、
シンクわきにシェルフを置いて、
手に取りやすい収納をつくりました。

☑ 古くて使えない

before／吊り戸棚もワイヤ棚もなし。いわゆるゴールデンゾーン（腰から手を上げた高さまで）に、収納が確保できないのは大きなハンデになりました。しかもシンクわきの空きスペースは１ｍほど。

after／スペースを横に広げられないため、縦に広げることに。シェルフを置いて高さを仕切り、ものが置ける床面積を増やしました。シンクと並行移動ができるこの場所に家電、食器、調味料を集約。

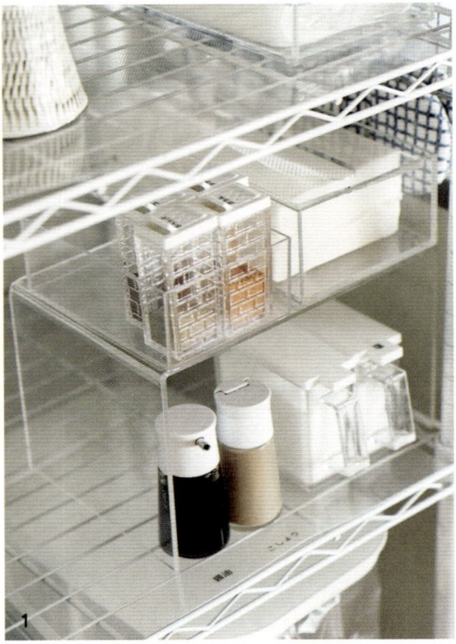

1

2

3

4

1.シェルフの調味料置き場は、調理中にさっと使えるよう、シンクから手が届く位置に。コの字ラックで高さを分けて収納量を増やし、よく使うものをまとめています。コの字ラックは、**無印良品**の**アクリル仕切棚**。2.茶碗や汁椀は食事で出払ってしまうため、ラベルがないと戻す場所がわかりづらいもの。食器洗い担当の長男をはじめ、家族みんながわかるようにしています。3.通気性のよいシェルフを食器乾燥に利用。中をしっかり乾かしたい水筒や、拭くのが面倒な鍋などは、しばらく置いて乾かします。4.平皿はサイズ別に分け、**無印良品**の**アクリル仕切りスタンド・3仕切り**（左）に立てて収納。見つけやすく、取り出しやすい工夫。

シェルフの上に小さな工夫が！　半透明のプラスチック板で安定感を出し、かつ拭き掃除を可能にしていました。

1

2

1.シンク下は伸縮棚を設置し、高さを３つに分け、ものが置ける「面」を増やしました。立ち位置になるシンクの真下には、ボウルとざる、ふきん、弁当箱などを収納。伸縮棚は**アイリスオーヤマのシンク下伸縮棚２段 USD-2V ホワイト**で、女性ひとりでも組み立てやすいそう。2.コンロの下。すぐ上で使う、やかんやオイルポットのほか、泡立て器やシリコンスチーマーなどを。使用後にものが戻りやすいよう、棚やキャビネットにはラベルを。

調理ツールは「縦の面」が便利

やまぐちさんは、シンクの扉裏すべてを使って収納スペースに変えていました。立ったまま出し入れできる扉裏は、シンク下よりも使いやすいからです。ちょうど手を下ろした位置に当たるため、菜箸などをほぼ感覚的に取り出せて、作業を中断されません。また、シェルフの側面にワイヤネットを吊るし、トレイやS字フックを引っ掛けて、調理ツールやカトラリーなどを収納。洗い終えたら手を伸ばして引っ掛けるだけなので、作業の効率化が図れます。扉裏や側面は、壁面を使ったオープン収納と違って目立たないのが利点。使いやすさとすっきりの両方を叶えてくれる、お宝の収納場所です。

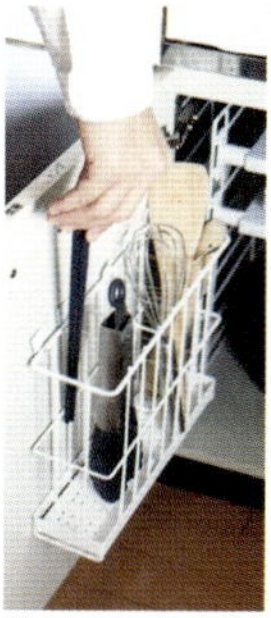

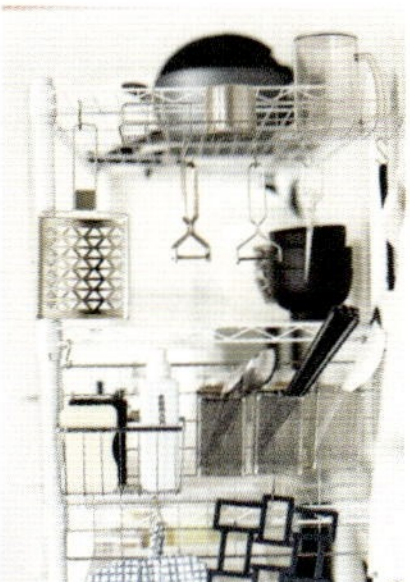

「前後」に分ける

前に出し入れの多いもの、
後ろに出し入れの少ないもの。
頻度で置き分けて、スペースをぜんぶ使います。

夫婦の衣類を収納した押し入れ。つっぱり棒やつっぱり棚を使って、奥行きを二分し、使用頻度で置き分けています。手前はオンシーズンの服。広い空間を上手に使うには明確なゾーニングが必要で、左を夫、右を妻のゾーンに。

つっぱり棚のよさは、S字フックを引っ掛けて、収納を容易につくれること。空いたスペースを利用してバッグ置き場をつくり、ハンドルをぶら下げて手に取りやすく収納しています。

Oshiire

中段や枕棚など、仕切りのいっさいない押し入れ。
衣装ケースは使わず、つっぱり棒とつっぱり棚で、
服の「見える化」を徹底しました。

後ろには、オフシーズンの服やアクセサリーなど、手前に比べて使用頻度の低いものを。アクリルケースやワイヤかごで、中身の「見える化」を図ります。ファイルボックスを斜めに固定し、紙袋を取り出しやすくする工夫がユニーク。

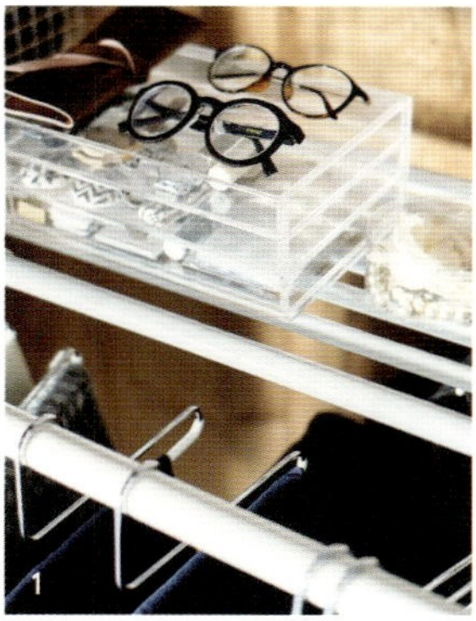

1.つっぱり棚に中身が見える**無印良品**の**重なるアクリルケース・横型3段**を置いて、アクセサリー置き場に。右側はフォーマル用のコサージュとパールのネックレス。しまい込まずラインナップに加えて、積極的に使います。2.オフシーズンの服。枚数をカウントしやすくするため、輪を手前にして収納。右のワイヤかごは**無印良品**の**18-8 ステンレスワイヤーバスケット5**。

「用途」で分ける

用途を明確にし、ものを洗い出し、
収納スペースをつくる。
小さな場所では、順番が大事です。

☑ 古くて使えない

大家の許可を得て、壁に棚を取りつけ、洗濯物や洗剤置き場をつくりました。洗濯機の上にはワイヤかごを置いて、タオルの収納場所も。白のバケツは**スタックストーのスタックストーバケット**。

2

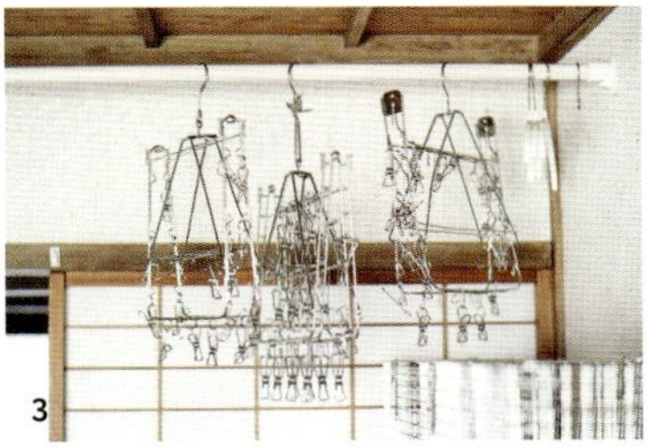

3

1.洗剤など洗うための道具は、洗濯機上の棚。自然と目に入るので、見つけやすく、すぐに洗濯が始められます。2.洗濯機の横は、家族の下着や靴下を収納する場所。洗濯機から乾いた衣類を引っ張り出し、引き出しを開けてポイポイ放り込みます。上から夫、妻、長男、長女の順。ストッカーは、**無印良品**の**ポリプロピレンストッカー4段・キャスター付**。3.出入口近くの壁につっぱり棒を渡し、干す場所に。角型ハンガーを吊るしてスタンバイ。

1

Wash room

広い洗面所に収納は乏しく、
洗濯機周りには
何もありませんでした。
棚をつけ、ストッカーやかごで、
収納を増設。

中央に排水管がある使いづらい洗面台下。伸縮棚で排水管を避け、手が届きやすい上部に置き場所を設けました。洗剤や雑巾、洗濯ネットなどをワイヤかごに入れ、見つけやすく収納。

古さを「分ける」に生かす

適度に分けられて、ざっくり入る。
天袋や違い棚の小さなスペースが、
子どもの収納にぴったりでした。

1

3

2

1.14歳の長女の部屋。床の間に家で使う布団と私服、床脇に学校で使う制服と学用品を収納しています。アイテムでまとめず、用途で分けることで、迷わず見つけられるように。2.3.本は教科書と「興味が薄れた本」に分け、天袋や違い棚など、仕切られた空間を利用して収納。以前、1か所にまとめて置いていたところ、すべてがごちゃ混ぜになって探すのが大変に。思い立ったらすぐに読みたい長女にとって、大きなストレスだったそう。

Children's room

床の間と床脇がある典型的な日本間。
隣室と廊下は障子で仕切られ、家具を置く壁がないため、
造りつけの収納を最大限に活用しました。

2

3

1

1.出窓のそばの棚に、文房具や紙、好きなものを収納。広いスペースなので、棚ごとにアイテムを分け、「この段は何」とわかるようにしています。2.中段しかなかったので、棚板を２枚足して、ものが置ける場所を増やしました。大家の許可を得て、棚柱と棚受けを取りつけ、サイズぴったりにカットした板をのせています。3.使用後に元の位置に戻せるよう、棚にアイテム名をラベリング。それぞれが帰る場所をきちんと用意。

シンプルな工夫で、発達障害の長女が片づけられるように。大人が収納を難しくしているのかも？ と考えさせられました。

どんな収納用品、使ってる？

ゼロアクションで戻せます

ハンガーポールに吊り下げて使う**イケア**の**スクップ 収納6コンパートメント**は、小物を分けてしまえるのが魅力。「ポイッと投げ込めて、戻すのが簡単！」。（山内利恵さん）

手づくりで欲しいサイズぴったり

ホームセンターの端材でつくるおもちゃ箱。底板の四隅に三角柱を立て、外側に板を渡して木工用ボンドで貼るだけ。サイズが自由自在。（なかむらけんじさん・ゆきこさん）

「分ける」と「わかる」ができる

「収納で『分ける』と『わかる』は重要です」とやまぐちさん。シンク下など高さを分けるには伸縮棚、食品ストックなど中身を把握するにはワイヤかごを。（やまぐちせいこさん）

ほぼ、何でも、いけちゃいます

「シンプルで汎用度の高いかごやバケツなら、アイテムが変わっても使えます」。右が舟形袋、真ん中が**エフスタイル**の**ステインプルーフ バケット**。（本多さおりさん）

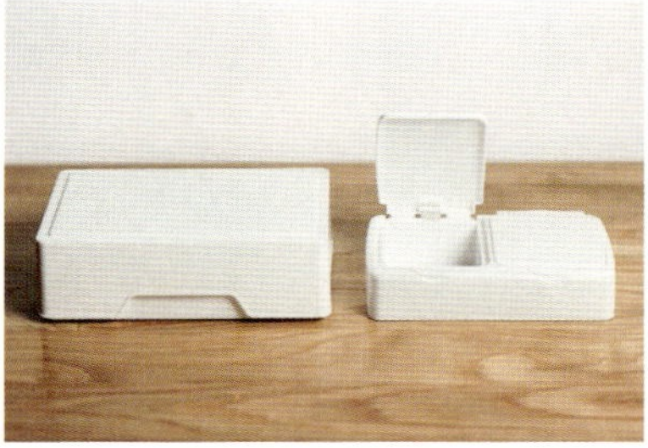

事務小物をすっきり使いやすく

デスクに置いてもうるさくない白。名刺の収納に最適な**ストレージケース ホワイト**と、片手で取れる**ワンプッシュ小物ケース・ツイン**にはスタンプを。**Seria**。（中田智恵さん）

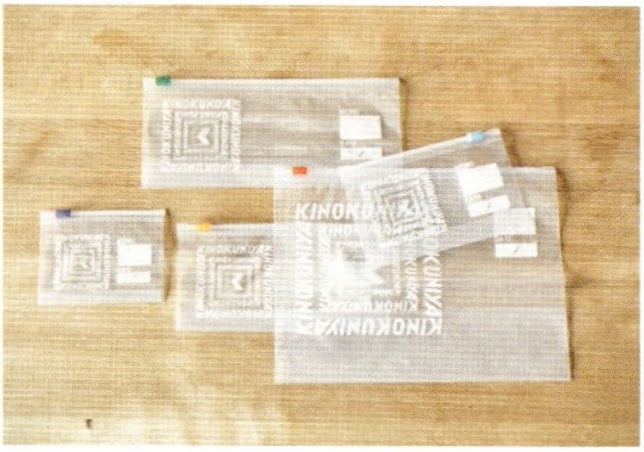

アイテムいろいろコンパクト収納

サイズ展開が豊富なジッパー付き袋なら、アイテムに合った収納ができます。中身にフィットする素材で、スペースに無駄が出ないのもうれしい。（手塚千聡さん）

見た目も機能もちょうどいい

シンプルで表情のある木箱。重ねたり入れ子にしたり、いろんな使い方が可能。**イエノLabo.**の**キューブボックス ボックスシェルフ3（S、Lサイズのセット）**。（林千恵さん）

子ども用品の収納に欠かせません

Seriaの**A4ファイルボックス・タテ型・仕切付**はプリントを、**無印良品**の**ポリエステル綿麻混・ソフトボックス・長方形・中**はカラボに入れておもちゃを。（マルサイさん）

壁面×オープン収納なら、たっぷり入って使いやすい。

なかむらけんじさん・ゆきこさん

Profile

同じ建築設計事務所で設計を担当するけんじさんと、現在は営業勤務のゆきこさん。2人とも本好きで、蔵書は数百冊を数えるそう。ゆきこさんは何でも手づくりするＤＩＹ派で、キッチンの収納をひとりで担当。家族は長女（4歳）の3人。

壁際に収納をつくり、部屋を広くとったリビングダイニング。奥行きの浅い棚なら、圧迫感なく収納量を確保できます。子どもが赤ちゃんだった頃は、下段の手前につっぱり棒を渡し、本を引っ張り出さない工夫も。

なかむらさんご夫婦は、建築設計事務所に勤める一級建築士。結婚後に購入したマンションをリノベーションして暮らしていますが、その際に収納はつくらなかったと言います。「居住スペースを広く取りたかったんです。視界が広がり、同じ平米数でも広く感じますから。収納は子どもの成長などで変わるので、可変性のある家具で対応しようと考えました」。

なかむらさんが選んだ家具は、高さ200cmもある無印良品のスタッキングシェルフ。これなら縦に収納を広げられ、壁面を生かせるため、部屋の広さを確保できます。また、ものの状態を把握しやすいので、死蔵品をつくりません。奥行きも浅く、出し入れがスムーズです。

このシェルフをリビングとダイニングの壁際に並べ、大容量の収納スペースに。本、おもちゃ、思い出の品、趣味のものなど、家族の持ち物のおよそ7割を収納しています。

シェルフを使ったオープン収納は憧れますが、ごちゃごちゃ見えない秘訣は何でしょう?

「シェルフ自体にフレーミングの効果があるんです。枠で括《くく》るとすっきり見える幕の内弁当の『仕切り』と同じです。いろいろなものを混在させても何かひとつが浮き立ちません」。

どうしても気になる子どものおもちゃなどは、引き出しやボックスなど隠せる場所を用意して、その中へ。

「オープン収納はものの整理にもつながりますよ」となかむらさん。「人は好きなものに囲まれた暮らしを心地よいと感じます。常に目に触れているとものを厳選するようになり、余計なものが淘汰されていくんです」。

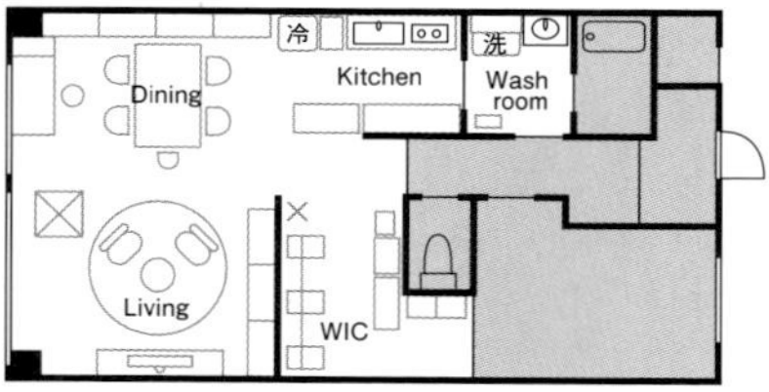

分譲マンション/1LDK+WIC 55㎡/築23年

なかむら家の「収納が、ない!」

- ☑ リビング
- ☑ ダイニング
- ☑ キッチン
- ☑ ウォークインクロゼット
- ☑ 洗面所

間仕切りをできるだけなくした1ルームタイプの家。リノベーションではリビングダイニングに収納を設けず、代わりにシェルフが置ける壁をつくりました。広さ2畳弱のキッチンは背面収納がなく、出入口が2面にある洗面所は収納家具を置くのが困難。リビングの隣室をWICに。

1

2

1.ものをシェルフの枠に収めるフレーミングの効果で、オープン収納でもすっきりと見えます。内側には木箱を置いて、上部を雑貨のディスプレイスペースに。2.リビングの棚に子どもゾーンをつくり、引き出しケースに子ども用品を。幼稚園の衣類をまとめておけば、朝の身支度に手間取りません。入園時に購入したサイズの大きいものも近くに置いて、必要になったら入れ替えられるように。

ゾーン分けで使いやすく

広い壁面の収納は、ゾーン分けがポイント。
出し入れの動線を少しでも短くしたいから、
座り位置でゾーンを決めました。

造りつけ収納がない

図書館のような雰囲気のダイニング。収納は、量がもっとも多い本を基準に組み立てていったそう。シェルフは、**無印良品**の**スタッキングシェルフ・ワイド・5段（ウォールナット材）**。

Dining

壁一面にシェルフを並べて
収納スペースを確保しました。
ものを手近にしまえるよう、テーブルの配置も工夫。

1.妻ゾーン。こまごましたものは、**無印良品**の**スタッキングチェスト・引出し・4段（ウォールナット材）**の中へ。写真のランチョンマットのほか、文房具などもここ。2.ついものを置いてしまう、本の上部の空いた空間。ならば、と木のボウルを置いて、テーブルに散らかりがちなものの避難場所にしました。3.棚のすき間を利用し、卓上用のほうきとちりとりを収納しています。テーブル上のパンくずや消しゴムかすなどを掃き取るのに便利。

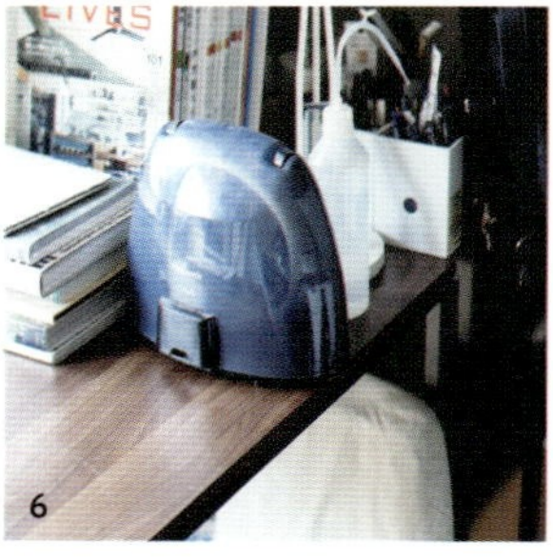

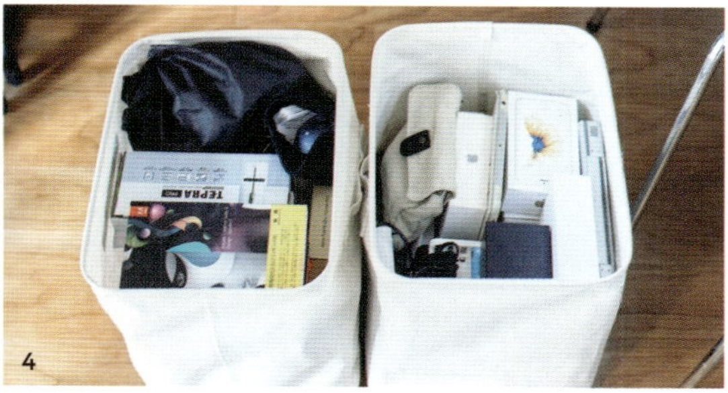

4.夫ゾーン。パソコンの備品や古い携帯など、立てて収納しづらいものは**無印良品**の**ポリエステル綿麻混・ソフトボックス・長方形・大**にまとめて。5.夫が管理している幼稚園や保険関係の書類。フォルダにはさんで**無印良品**の**ポリプロピレンファイルボックス・スタンダードタイプ・A4用・ホワイトグレー**に入れ、目当てのものをさっと引き出せるように。6.窓辺のワーキングスペース。平日は毎朝シャツにアイロンをかけるため、必要な道具を収納。**無印良品**の**ポリボトル・ノズル付**に、スチーム用の水をスタンバイ。

パソコンの裏に、結婚式の写真や子どもの手紙を発見！　人に見られたくないけれど近くに置きたいものは死角を利用。

隠せる場所も用意する

オープンですが、全部は見せません。
ごちゃごちゃは、専用の収納用品で目隠し。
シェルフ選びで、押さえておきたいポイントです。

Living

広さを確保するため、収納はつくりませんでした。
代わりにシェルフを置いて、一角を子どもの収納に。
ボックスや引き出しケースをプラスして対応。

2

3

1

1.**Sifflus**の**リトルティピー**の中におもちゃを収納し、楽しげな子ども基地に。入口を閉めれば、隠せる収納になります。2.シェルフに専用の引き出しを置いて、薬や衛生用品を収納。開け閉めでがちゃがちゃしないよう、中はボックスで間仕切りしました。3.子どものおもちゃは、ぶつかっても安心な**無印良品**の**ポリエステル綿麻混・ソフトボックス・長方形・大**に。最下段なら子どもが自分で引っ張り出せ、上からポイッと放り込めます。右は「なんでもボックス」。

左下が子どもゾーン、上部が本や写真ゾーン。使いづらい下段には、使用頻度の低いアルバムや思い出の品を収納しています。押し入れにしまうより、総量がわかりやすく、整理のきっかけをつかめるそう。

。なるほど!

DIYで壁面収納を手づくり

壁があれば、収納はなんとかなります。
棚を取りつけ、かごを引き出しに。
サイズが自由になるので、スペースを100％生かせます。

☑ 造りつけ収納がない

Kitchen

キッチンの間口は180cmしかなく、
シンクの下は調理道具で満杯。
背面の壁を利用し、家電と食品置き場を設けました。

4

1

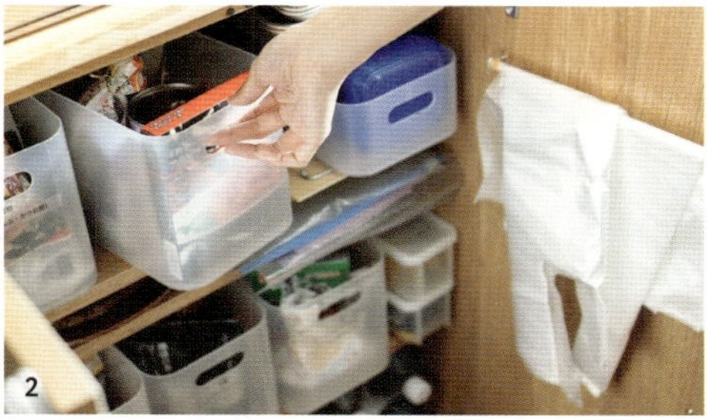

2

1.棚下の空間を活用し、**sarasa design labのスパイスラックタワー**で調味料置き場を。スリムなラックを選んで、作業スペースを確保しつつ、収納量をアップ。2.食器棚に**無印良品**の**ポリプロピレンメイクボックス**を置いて、引き出し代わりに。乾物や缶詰などをアイテム別に分けています。扉には洋灯吊金具を留め、丸棒を渡してレジ袋を収納。3.お茶やインスタント食品など、よく使う食品の収納には**無印良品**の**重なるブリ材長方形ボックス**を使いました。片手で持てる大きさを多用。4.**無印良品**の**ポリプロピレンファイルボックス・スタンダードタイプ・ワイド・A4用・ホワイトグレー**を分別ごみ箱に。フレームは自作で、両サイドの内側に角材を木工用ボンドで貼り、板をのせて仕切っています。

3

1

2

3

1.高い位置にあり、上下で使い勝手が異なる吊り戸棚。手が届きやすい下段は、よく使うマグカップや茶碗を収納し、便利に使っています。手が届きづらい上段は、取っておきたいキッチン家電の空き箱を収納するスペース。用途を変えて、空間を余すところなく活用。2.シェルフぴったりに置けるマルシェボックスを手づくり。乾物や調味料のストックなどを収納。3.リビングから見たキッチン。２畳弱の広さに、大きなキッチンボードや奥行きのある家電棚は置けませんでした。廊下の間仕切り壁を利用した壁面収納をつくり、隣に**無印良品**の**ステンレスユニットシェルフ・オーク材棚セット・ワイド・小**を置いてカウンター代わりに。

デッドスペースに「壁につけられる収納」

**壁は幅45cmしかありませんが、
収納をあきらめる理由にはなりません。
壁付け収納を使って、タオル置き場を設置。**

Wash room

狭いうえに壁が少なく、
収納用品を置く場所が
見つかりません。
ストッカーを引き出す
奥行きもないので、
壁面に収納を。

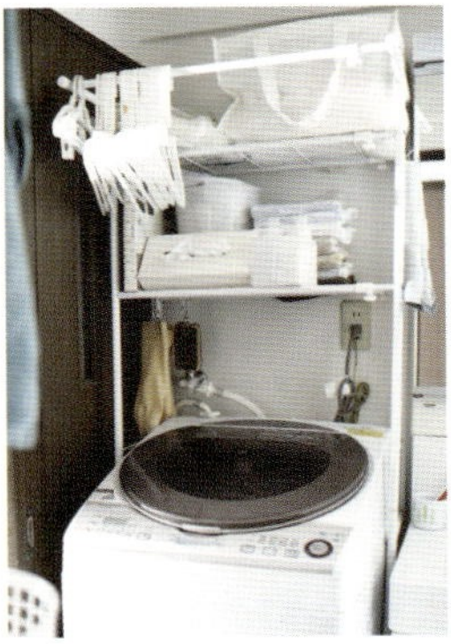

「壁につけられる収納」の向かい側。洗濯機上のデッドスペースにラックを置き、洗濯用品を収納しています。スポンジやゴム手袋など、よく使う掃除道具もここ。洗って乾かすのに便利です。

極小空間の収納を救ったのは、**イケア**の**アルゴート**。トレイのほかバスケットなどオプションパーツが豊富だとか。

ひと部屋をクロゼットにするという提案

☑ 造りつけ収納がない

55㎡のなかむらさん宅にクロゼットはありません。部屋に市販のハンガーラックや引き出しケースを置いて、ウォークインクロゼットをつくりました。「小さな住まいでは大きなクロゼットを確保しづらく、収納がこま切れになりがちです。経験上、衣類は1か所にまとめる集中収納が、管理がラクだと感じていたので、ひと部屋を収納に充てました」。

広さ約4畳の部屋の真ん中を通路にし、両サイドの壁面を収納に。衣類収納の基本である「吊るす」「たたむ」「引き出す」の3つに対応する収納用品をそろえました。

では、どの部屋でもよいかといったら、そうではなさそうです。

「リビングの近くなら空調がきいて、夏は涼しく、冬は暖かいので、着替えが苦になりません。動線も短いので、上着をリビングについ……なんてことがなくなりますよ」。

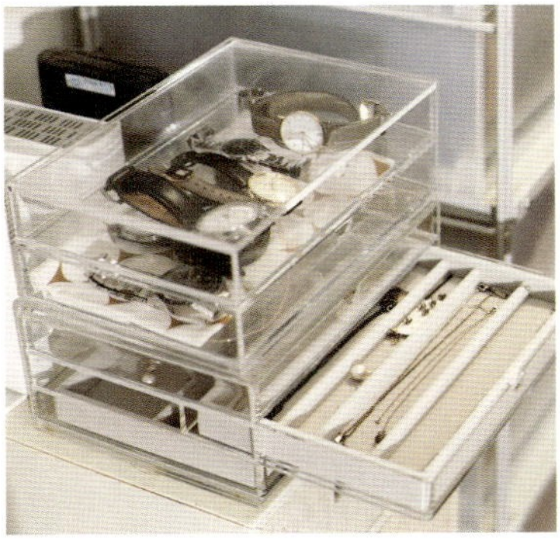

入口にアクセサリー

最後に身につける時計やアクセサリーは入口付近。**無印良品**の**重なるアクリルケース２段引出し・大**、**同横型３段**に専用の内箱を入れて、絡まないようにしています。帰宅後に戻すのもラクチン。

仕事着と私服で分ける

服は夫と妻で分け、さらに仕事着と私服で分けています。「シーンで分けたほうが探しやすく、アイロンがけなど手入れがラクです」。時間のない平日に着る仕事着を入口側に。ラックは**イケア**の**アルゴート**。

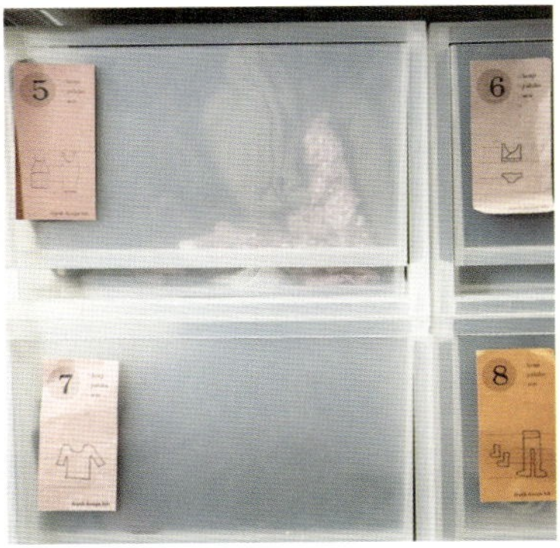

下着って書きたくないんです

夫婦共有のクロゼット。中身は使う人がわかればいいので、手書きのイラストで表しました。Ａ４の紙を12等分し、数字はスタンプで。フォーマットはIllustratorで作成。

小物は別々。まとめない

ハンカチや靴下などのこまごましたものは、引き出しを分けています。見つけやすく、数の管理が容易。ベルトはくるくると丸めて、上から全種類がわかるように。

服を掛けたラックは、同じものを2つ連結して使用。夫婦どちらかの服が増減したときに、譲り合って使えるそう。

チマチマ増やします。

マルサイさん

Profile

著書『主婦力ゼロからのやってみた家事』（大和書房）が人気のエッセイ漫画家。苦手な片づけを10年かけて克服。断捨離にも成功し、服は４セットまでスリムに。趣味は落語鑑賞。家族は夫、長男（９歳）、次男（７歳）、三男（４歳）の５人。

子どもスペースを分けたことで、ＬＤはすっきり。奥の壁際にキャビネットを置き、文房具やアロマオイル、子どものゲーム機などこまごましたものや、キッチンに収まりきらない食器を収納。

収納は生き物。どんどん変わるから

２ＬＤＫ約77㎡のマンションは、家族５人で暮らすにはやや手狭な印象。子どもスペースを除けば各所に収納がありますが、どこも十分なスペースとはいえません。この家で、マルサイさんは10年かけて収納のしくみをつくってきました。

「片づけが苦手で、ひとりだったらおそらく汚部屋暮らし。でも家族がいるからそんなわけにもいかない。少しでも快適に過ごせるように、と収納本を読み倒し、トライ＆エラーを繰り返して辿り着いたんです」。

今では来客前の１時間で片づくようになったそうですが、この先お子さんが成長してものが増えたら、収納が足りなくなるのは想像に難くありません。それでも、「大きな家具は絶対に買いませんよ！」とマルサイさん。器が大きくなるとつい自分に甘えてものがどんどん増えてしまうのが、目に見えているのです。それに、子どもの成長で持ちものは変わり、いずれ巣立っていったときに無用の長物になります。

「これだ！という何かひとつの決定的な解決策があればラクなのに！でも結局のところ、ものをできるだけ増やさない、分散収納でスペースを有効に使う、そしてかごやボックス家具などで小さく増やす。この３つをやりくりしている感じです。

一番大事なのは、家族をよく観察し、変化に敏感になること。ごちゃっとし始めると、たいてい何か問題がありますから。常に今のしくみが崩れるんじゃないかという恐怖心と闘っているので、こうなったらああしようって、頭の中でシュミレーションしています」。

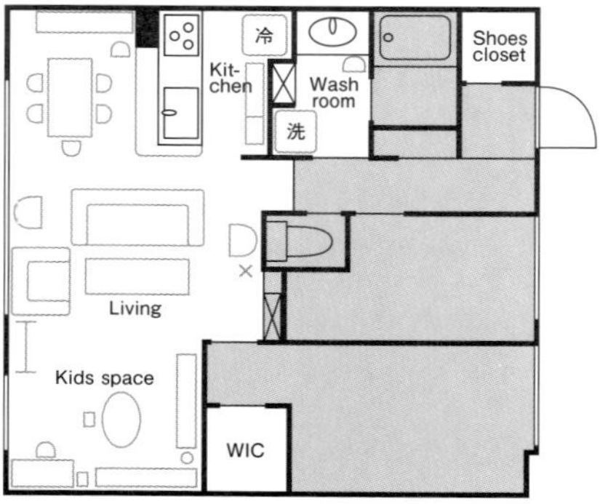

分譲マンション／2LDK 約77㎡／築10年

マルサイ家の「収納が、ない！」

- ☑ リビング
- ☑ 子どもスペース
- ☑ キッチン
- ☑ ウォークインクロゼット
- ☑ 洗面所
- ☑ シューズクロゼット

子どもスペースには収納がなく、キッチンはオープンタイプで吊り戸棚と背面収納がありません。寝室と玄関のクロゼットは、容量不足。収納があるものの使いづらいのが、リビングと洗面所。

1.レゴブロックや電車などを分けてしまうのに最適なかご。アイテムでかごの形を変えれば、ラベリングをしなくてもわかります。子どもがおもちゃを卒業しても、いろんな場所で活躍。2.靴箱を三男の宝箱に。長男、次男の宝箱を見て、三男が欲しがったからですが、この先どうなるかはわかりません。たとえ100円のボックスでも安易には買わず、まずはあるもので様子見。

ボックス積み上げ式

足りないぶんだけ
ボックス家具を1段ずつ重ねて、
広さを変えずに収納を増やします。

正面が本とおもちゃコーナー。**無印良品のパルプボードボックス・タテヨコＡ４サイズ・５段と同スリム・５段**を使い、本をサイズ別に収納。パルプボードボックスは、次男が小学校入学時に追加。

Kids space

収納がない
子どもスペースは、
増やせるボックス家具で、
学用品とおもちゃを
分けて収納。

1.教科書や道具箱をまとめた学用品コーナー。左右でゾーン分けし、右を次男、左を長男が使用。ランドセル置き場の境目には共用の文房具を置いています。壁にワイヤクリップを留めて時間割を吊るし、登校準備をスムーズに。2.長男、次男の宝箱。取りおく基準がわかりづらいものは、子どもに判断をゆだねます。ボックス家具に収まる**無印良品**の**重なるブリ材長方形バスケット・小**を採用。3.道具箱やクレヨンなど、学校に持って行くものをまとめて。同じアイテムは取り違えやすいので、長男と次男でボックスを分けて。半透明のボックスで、中身を視認しやすく。

4.ゲーム機はダイニングのチェスト。子どものものですが、親が管理しているので、目が届く場所に。5.散らかりがちな折り紙や工作は、かごにまとめて。**無印良品**の**ブリ材・長方形バスケット用フタ**で、隠せるようにしました。本やおもちゃは１軍と２軍に分け、２軍は寝室に。気分や年齢で入れ替えて使います。

長男、次男の学用品はシンメトリーに配置し、安定感のある見た目に。ささいなことですが、視覚的効果は大!

かごの「あちこち化」

どこでも置けて、何でも入る。
便利なかごを使って、
こまめに出し入れするものを収納します。

☑ スペースが足りない

小さなキッチンは作業スペー
スを確保しづらいので、レ
ジフードも収納に活用
フックを引っ掛けて
取るまな板や鍋
るしています
プに置いた
ほ毎日

Kitchen

吊り戸棚のないオープンキッチン。
背面収納も備わっていなかったので、
かごやシェルフで収納を増設。

1

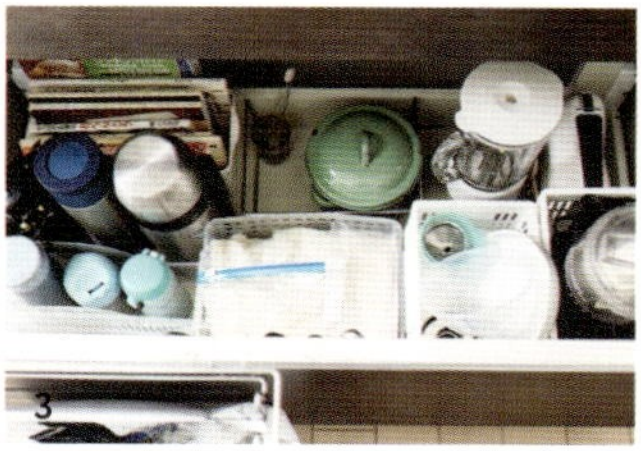

3

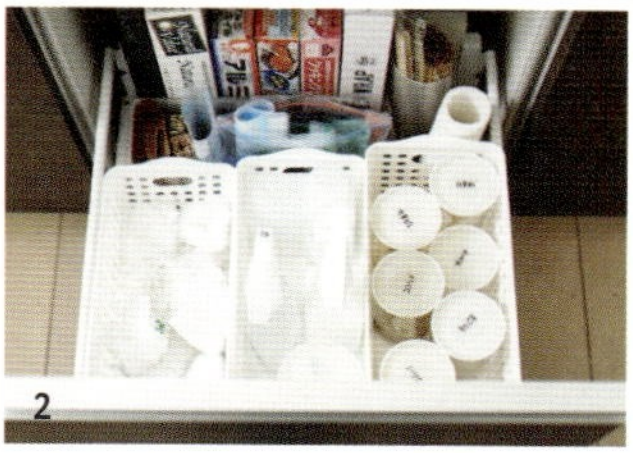

2

1.大容量の市場かごは頼れる収納用品。かさばる保存容器をポイポイと入れています。本体とフタをセットにし、片手でつかめるように。2.消耗品のストックは、この引き出しに収まるだけに。手前のスペースはかごで仕切り、レジ袋、洗剤、食品の定位置をがっちり確保しました。3.背面のシェルフにフライパンを収納したことで、シンク下収納に余裕が。ここには、使用頻度の低い調理家電や水筒、レシピ本など、吊り戸棚に入れる予定だったものを。

5

4

4.背面には**無印良品**の**ステンレスユニットシェルフ・ステンレス棚セット・ワイド・中**を置いて、食器棚と調理道具の収納を兼ねました。下段にはホットプレートやオイルポットなども。5.シェルフには長方形のかごを置いて、棚の奥行きを生かします。自炊率が高く、食べる量も多いので、野菜や乾物は一定量をストック。重くなっても、かごなら引き出せるのがいいところ。左の持ち手つきかごはお菓子入れで、冷蔵庫の上で使用。

夕食では1時間で5人分4〜5品つくるとあって、調理ツールや調味料は半径50cm以内に集約されていました。

効率化で増やす

棚に置く→かごに入れる。
それだけで、リネン庫が使いやすく。
スペースを効率よく使えば、
「足りない」は解決します。

棚の位置そのまんまに並べてみました。上段は子どもに触られたくない薬や散髪用品など、中段は子どもが自分で出し入れするパジャマや学校・園グッズなど。ドライヤーや洗濯機の故障に備えて、取扱説明書も。

Wash room

棚の奥行きが深く、
十分活用できていなかったリネン庫。
かごでスペースを分けたことで、
ここで使いたいものすべてを収納。

コートラックは救世主

置きたい場所に置けて、
じゃまにならない。
フック以上シェルフ未満の収納が、
散らかりやすいリビングには便利。

Living

リビングの収納は、書類や文房具用の浅い棚だけ。
壁も少なく、上着や洗濯物を掛ける場所がありません。
コートラックを使って、吊るせる収納を用意しました。

2

1

3

1.リビングの入口から子どもスペースに向かう途中に、**東《あづま》谷《や》のショートハンガー**を置きました。ここなら、帰宅後に脱いだ上着や帽子などを収納するのに最適。2.窓際にコートラックを置いて、ベランダから取り込んだ洗濯物を一時掛け。たたむのは入浴後なので、これがないとソファが洗濯物の山になります。3.干すのもここなので、ハンガーや洗濯ピンチをかごに入れてスタンバイ。

デッドスペースを使う

靴、おもちゃ、キャンプ用品。
ものの配置をとことん考え、
グッズを駆使して、
扉や壁裏まで使い切りました。

Shoes closet

間口100cm×奥行き70cmで、
５人分の靴と外回り用品を収めるには窮屈な広さ。
ドアフックやネットバッグで、容量を稼ぎました。

2

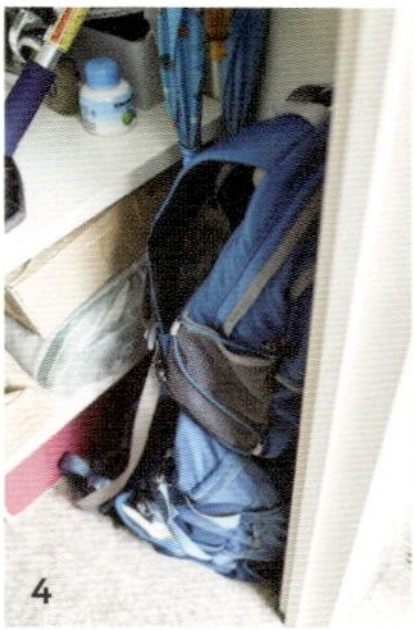
4

3

1

1.シューズクロゼットの扉裏を使って、長さのあるものをすっきりと収納します。Seriaの**ドアフック プリントデザイン**を引っ掛けて、傘置き場に。2.奥行きのある棚は、置き方を工夫して、スペースをまんべんなく使用。靴は手前によく履くものを置いて、入れ替え制にしています。奥の靴は収納グッズを使って2段重ねに。空いた手前にはシューケア用品を。3.4.壁裏と棚の間のデッドスペースを収納に生かします。壁にフックを留め、ネットバッグを吊るして、中にボールなど外遊びのおもちゃを。下に置いたのは、防災用品を入れたリュック。

キックボードを寝かせてしまうアイデアに脱帽!　全部が手に取りやすく、子どもたちがいっせいに引き出せます。

マンション住まいでは、搬出入が便利な玄関にものが集中しがち。上下段は棚板を外してキャンプ用品を収め、中段は棚板を増やして靴やおもちゃを置くスペースを確保しています。

狭すぎるクロゼットの男子3人服収納

吊るしているのは、シワが気になる大人服やアウターのみ。たくさん入る衣装ケースを多用し、たためるものはたたんでしまっています。

☑ スペースが足りない

マルサイ家では入浴後、子どもたちがいっせいに自分の洗濯物をたたみます。「自分のことは自分で」という育児方針もありますが、じつはクロゼット収納と関係しています。

　クロゼットの広さは2畳に満たず、5人分の衣類と寝具を収納するにはスペースが足りません。冬はまだいいのですが、夏は寝具がかさばってぎゅうぎゅう。そのため、服は吊るすよりたたむ方法を選択しています。そのほうが、収納量を稼げるからです。

　とはいえ、お母さんひとりでたたむのは大変な作業。そこで、人海戦術となるわけです。子どもたちはたたんだ服を重ねて持ち、自分の引き出しにポイッと入れます。「取り出すときにかき回してごちゃごちゃになるのでは？」と心配しますが、子どもたちはおしゃれとはまだ無縁の年頃で、選ばずに上から手に取るだけ。中はすっきりしたものだそうです。

サイズアウトこそ見やすく

サイズアウトは、年少や年中など学年で分類。衣装ケースだと気軽に中身を確認できて、補充や入れ替えがラクなうえ、重複買いも防げます。ラベルは変化に対応しやすいよう手書きで。

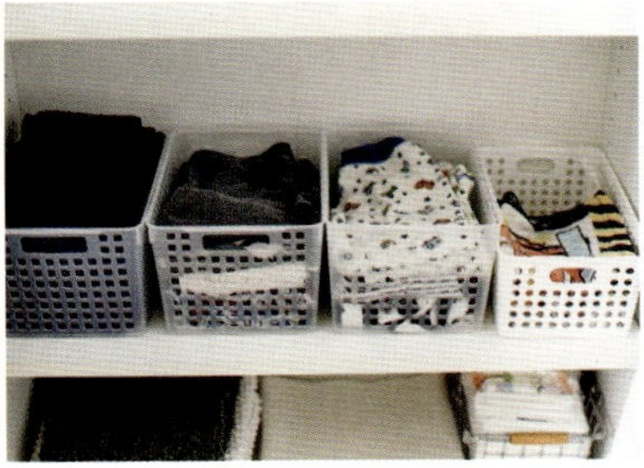

パジャマは身につける場所に

パジャマはクロゼットに置かず、洗面所のリネン庫に分散収納しています。ここなら、入浴後に身につけやすくて便利。ひとり２セットと数を限定し、増やさないように。

「下半身セット」がわかりやすい

子ども服は、上半身と下半身に分け、下半身にはボトムス、靴下、パンツを。紛れ込みやすい靴下とパンツはファイルボックスに分けています。３人とも同じ収納にすることで、互いに助け合えるそう。

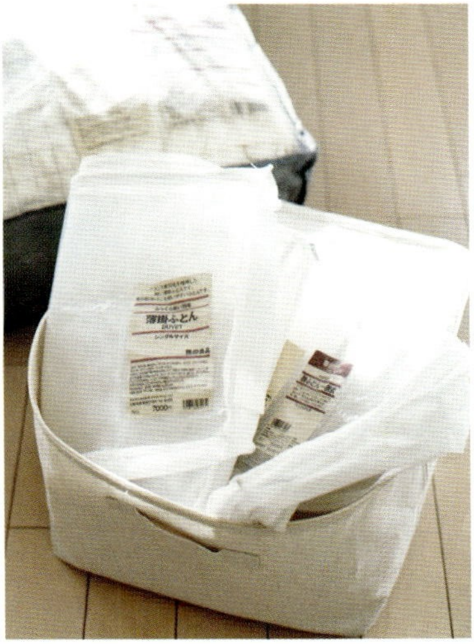

パッケージ収納が省スペース

布団はかさばりますが、圧縮したくないので、売り場の方法を真似てコンパクトに収納。商品パッケージを取っておき、**無印良品**の**ポリエステル綿麻混・ソフトボックス・長方形・中・フタ式**にまとめて。

布団のパッケージ収納は、「薄掛」など商品名がラベル代わりに。選ぶときに役立ちそう!

おわりに

もうひとつの「選択」について
考えてみます。

「捨てなくても、
いいですか？」

足りない収納をなんとかするのに、
もうひとつの方法があります。
もののダイエットです。

ものが多い人にとってはいばらの道ですが、
実現できればスペースに振り回されずにすみます。
この先、どんな家でも苦労はしないでしょう。
収納のテクニックがなくても、なんとかやっていけます。

この本では、ものが多い人や少ない人、
捨てられる人や溜めがちな人、
いろんな方に登場していただきました。

ものとどんなふうにつき合ってどう持つのか。
最後に、みなさんに伺いました。

a　定番品をつくれば増やさなくなります

「捨て」か「溜め」のどちら？　と問われたら、本多さんは「捨て派」。「使っていないものを持っていたくないので、こまめに家から追い出します。とくに入れ替わりの激しい子ども用品は、写真に撮ってＬＩＮＥで発信。いつでも人に譲れるよう、紙袋に入れて待機しています」。

そんな本多さんでも、つい手が伸びてしまうのが器。子どもが生まれて、機能重視のもの選びを迫られてからは器欲が満たされず、もやもやしたときもあったそうです。ところが、さんざん探して、機能も見た目も好みの器に出会ってからは、ピタッと買わなくなったそう。

「頑丈でシンプルながら独特の風合いもある。理想の器が見つかって、私の中の器欲が落ち着きました。今ではこれがあるからいいやと思えて、買い控えられるように」。（本多さおりさん）

b　捨てることは進化だと考えます

中田さんはインテリアやファッションに敏感な大人女子。ものをたくさん持っていたときもありましたが、引っ越しを繰り返すうちに減っていったそう。「どうでもいいものを段ボールに詰めるのが不毛に思えて。時間もスペースももったいないと思うようになりました」。

引っ越しに向けて、不燃ごみの日に不要品を手放す「月一断捨離」を決行。また、服はこまめにアップデートするように。「今はスカートをほとんど履かない(笑)。ファッションは好みやライフスタイルでどんどん変わるから、手放すことで進化してると思えば気がラクです」。

今ではものを買うときは、ちょっといい本物に一点投入。すると、少なくても満足するようになり、そうではないほかのものを手放せるようになったと言います。（中田智恵さん）

c　データ化してパソコンの中にしまう

家具は、独身時代や新婚時代からずっと使っているもの。おもちゃも、レゴブロックや積み木など、年齢が変わっても工夫次第で遊べるもの。ものをそれほど欲しくもならないし、不要になったら手放すのも苦ではないと言います。

そんな山内さんでも、増えて困るものがあります。趣味である音楽のＣＤ。ご主人のぶんを合わせれば３００枚は下らないため、データ化することに。ＰＣに取り込んで、アーティストやジャンルで分類。毎朝「適当なＢＧＭ」と名づけられたメロウな音楽が流れるそうです。

では、データ化できないものは、どうしているのでしょう？「ものを使って戻すときに窮屈な感じがしたら、『多い』『増えた』というサイン。スマホのリマインダーに場所をメモし、時間があるときに整理します」。（山内利恵さん）

d　お気に入りを繰り返し使う気持ちよさ

仕事柄、職場に近い都心のマンションを選んだ手塚さん。家族4人、約67㎡のマンションで快適に暮らすには、ものを持つルールが必要だと考えました。「好きなものは自由に持ち、それ以外は数を決めるなど、制限を設けたんです」。

たとえば、靴下や下着は3つで、それを維持できるよう入れ替え制にしています。「3つ」と決めることで、ひとつ買うにも真剣になり、欲しいと思っても考えるように。これが習慣化すると、数に合ったしくみが生まれ（靴下なら洗濯の回数を増やすなど）、管理や収納がラクになり、暮らしが軽やかに回り始めたそう。

「適当なものをいくつも持つより、気に入ったものだけを持つのが好きなほう。自由に買っていたときよりも、今のほうが自分らしい暮らしを送れている気がします」。（手塚千聡さん）

a

c

b

d

a　思い出の品は飾って楽しみます

ガラスのキャビネットに飾ってあるのは、子どもが拾ってきた木の実や、赤ちゃんの頃に使っていたヘアブラシ、独身時代に買ったフィンランド土産などなど。

林さんは、気に入ったものが捨てられず、取っておきたくなる人。「家事や育児の合間に視界にチラッと入ると、ほっこりするんです」という思い出の品を、キャビネットに整然と並べて、インテリアとして楽しんでいます。キャビネットはそのための場所で、お気に入りを選び、家族が集まるダイニングに置きました。

「好きで取っておくんだったら、見て楽しみたいと思ったんです。押し入れにしまい込むんじゃなくて、意味のある持ち方をしたいって」。

日々子どもが持ち帰るものも、行き先があれば、部屋がすっきり片づきます。（林千恵さん）

b　減らすことで得られる「美しい空間」

なかむらけんじさん・ゆきこさんは、ふたりそろって本が大好き。年々増えていきますが、本以外のアイテムを必要最小限に持つことで、物量のバランスを図っているそうです。たとえば食器は万能に使える白を基本に数を減らし、ホームパーティーなどは紙皿や紙コップで対応する潔さを持ち合わせています。

とはいえ、本を買い続けていると、いつかは写真の状態に。「横積みは末期症状のサイン。なんとなく落ち着かないし、とても美しい空間とはいえません。読んで役目を終えた本は、定期的にリサイクルショップに出しています」。

部屋の壁にはブルーグレーのクロスが貼ってあり、これが見えていると「美しい空間」に。本もインテリアと捉えることで、整理につなげています。（なかむらけんじさん・ゆきこさん）

c　入らないから、しょうがないんです

ものを溜め込みがちで、結婚後もなかなか手放せなかったというマルサイさん。第一子の出産を機に断捨離に目覚め、今では洋服の定数管理をするまでになりました。たとえば子ども服は上下4セット、ご本人も同じくらい。きっかけとなったのは何でしょう？

「わけもなく持っていたレジ袋の整理です。キッチン収納が少なくて困っていたので、かごひとつ、と制限を設けたんです。やっているうちに続けられて、管理がラクになるのを実感。じゃあほかも、といいサイクルが生まれました」。

以来、新たにものを買うときは、収納スペースと相談し、その中に収まるように。「自分の意志で持たない選択をするのは、難しいもの。でも『これ以上入らない』とかごありきにすれば、手放しやすくなります」。（マルサイさん）

d　違和感を覚えたら、分けましょう

ミニマリストのやまぐちさんは、家族でできるだけものを持たない暮らしを実践中。今回お話を伺った8人のなかで、ものが一番少なく、整理については一家言をお持ちです。

「たとえば洋服は、少ないと回転率が上がるため、ダメージが目に見えて表れます。首元がよれたり、袖口がすれたり。いわば食品が腐るのと同じですから、手放しやすくなります」。

「まだ着れる」が「もう着れない」、「もったいない」が「だってしょうがない」に変わり、整理のハードルが下がると言います。

それでも手放せない場合は、「分ける」ことを勧めています。「私は悩んだら、ほかの服と分けておきます。見るたびに、来年も着る？　飽きたんじゃない？　と自分に問いかけ、必要だったら定位置に戻します」。（やまぐちせいこさん）

a

NOBUAKI FURUYA 1979 > 2013
NIIZEKI STUDIO
建築の日本展
JAPAN IN ARCHITECTURE
S,M,L,XL
PETER ZUMTHOR ATMOSPHERES
外部空間の設計
建築家・吉田鉄郎の手紙
住宅論
環境としての建築
庭園から都市へ
カルロ・スカルパ
建築の多様性と対立性
Takaharu+Yui Tezuka Architecture Catalog
手塚貴晴+手塚由比 建築カタログ

b

NIKE

d

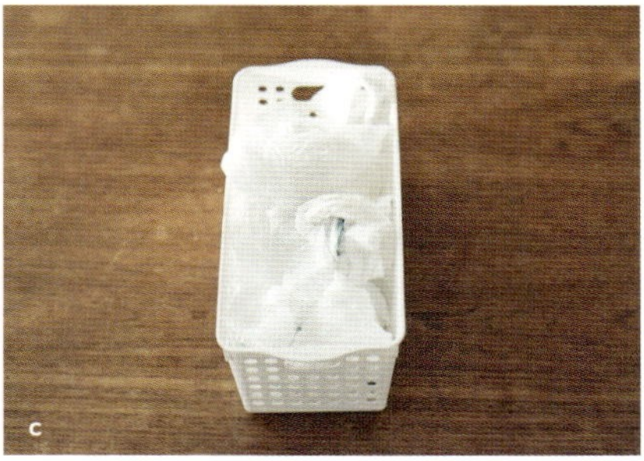

c

おさめ ますよ

収納ライター。片づけが苦手で、世界で３番目にズボラを自認。ズボラでも片づく解決策を見出したいと収納ライターの道へ。ライター、編集者として、雑誌や書籍で収納・家事の企画を多数担当。これまでの取材軒数は1000軒に及ぶ。現在はウィークポイントである整理に対峙し、段ボールから暮らしに必要なものを取り出す「段ボール実験」中。おさめ ますよはペンネーム。インスタグラム @osamemasuyo

STAFF

編集・文	おさめ ますよ
撮　影	林ひろし
デザイン	藤田康平、臼井裕美子（Barber）
イラスト	小池高弘
間取り図	アトリエ・プラン
校　正	東京出版サービスセンター
編　集	森 摩耶（ワニブックス）

SHOP LIST

アイリスオーヤマ	0120-211-299
イエノ Labo.	☎0859-30-4791
イケア	0570-01-3900
エフスタイル	☎025-288-6778
craft_one	☎0986-36-4614
ケユカ 銀座店	☎03-5159-2191
sarasa design lab	☎03-6447-0131
スタックストー	☎03-6416-5255
３Ｍ	☎03-6409-3527
Seria	☎0120-188-581
Sifflus	0570-080856
テラモト	☎047-358-1201
ＰＩＮＫ　ＦＬＡＧ	☎03-5467-2891
平安伸銅工業	☎06-6228-8986
ヘンケルス	0120-75-7155
無印良品 池袋西武	☎03-3989-1171
山崎実業	☎0743-57-5068

SPECIAL THANKS（掲載順、敬称略）

本多さおり、手塚千聡、山内利恵、林千恵、中田智恵、やまぐちせいこ、なかむらけんじ・ゆきこ、マルサイ

収納が、ない！

著　　者　おさめ ますよ

2019年 4月10日　初版発行

発 行 者　横内正昭
編 集 人　青柳有紀
発 行 所　株式会社ワニブックス
〒150-8482
東京都渋谷区恵比寿4-4-9　えびす大黒ビル
電話　03-5449-2711（代表）
　　　03-5449-2716（編集部）
ワニブックスHP　https://www.wani.co.jp/
WANI BOOKOUT　https://www.wanibookout.com/

印 刷 所　株式会社光邦
D　T　P　株式会社三協美術
製 本 所　ナショナル製本

※本書で紹介しているアイテムはすべて私物です。商品の価格や仕様が変更になったり、現在購入できない場合がございますのでご了承ください。
※本書の整理収納法を実践いただく際は、建物の構造や性質、商品の注意事項をお確かめのうえ、自己責任のもと行ってください。

ISBN978-4-8470-9782-9